従属国家論

日米戦後史の欺瞞《ぎまん》

佐伯啓思
Saeki Keishi

PHP新書

従属国家論

日米戦後史の欺瞞《ぎまん》

目次

第1章　漂流する日本人

ニヒリズムの時代　12
人間中心主義という思い上り　14
「自由」がもたらした不寛容　18
シャルリー・エブド事件が暴いた欺瞞　21
自覚なき日本のウルトラニヒリズム　24
日本では「状況」が規範を作る　26
時勢が価値を決める　29
「歴史の終わり」と「改革主義」　31
冷戦構造下で忘れられた「価値」の問題　34
アメリカが目指す一極覇権型世界秩序　37
自由と民主主義を世界化するという正義　39
「アメリカ」を相対化できない日本人　41

第2章 「戦後レジーム」が抱えるふたつのディレンマ

「文明の衝突」に巻き込まれた日本 46
日本とイスラムの対立は必然 50
憲法平和主義の矛盾と終焉 54
そもそも「国際化」とは何か 57
平和どころか戦争を招く日米同盟 60
「積極的平和主義」の正しさ 62
国際社会秩序に加わることの落とし穴 65
「戦後日本のレジーム」の限界 68
「顕教的な価値」と「密教的な価値」 71
今こそ「戦後の出発点」を直視せよ 72

第3章 「あの戦争」とは何だったのか

「戦後」はいつから始まったのか 76

事実の隠蔽によるごまかしの「戦後意識」　80
八月十五日はなぜ「終戦」記念日か　83
日本の「道義的敗戦」という意識　85
終戦という言葉が意味するもの　87

第4章　憲法を制定するのは誰か

日本国憲法は「憲法違反」である　94
憲法公布の二重構造　96
護憲派は「主権」を見落としている　99
主権概念の二重性　100
日本人の主権意識が希薄なわけ　103
そもそも憲法を制定したのは誰なのか　106
憲法九条は主権の制限　107
「解釈変更は立憲主義の破壊」というウソ　112
知らず知らずアメリカを代弁してしまった左翼陣営　116

日本国憲法に仕掛けられた「手品」 119
安保という不平等条約 121
あまりにいびつだった「主権の回復」 124

第5章 「戦後レジーム」はこうして成立した

ホッブズが示した民主主義の原則 128
憲法の「平和主義」が胡散臭いわけ 130
半主権国家の「平和で民主的な」六十年 133
政治の季節から経済の季節へ 136
鳩山元首相の「蛮勇」 137
戦後日本を作ったポツダム宣言 139
ポツダム宣言の「無条件降伏」のからくり 141
隠蔽された属国化 146
「戦後レジーム」の二重構造 150
日米の思惑が合致した吉田ドクトリン 152

第6章 「ガラスでできた鏡張りの部屋」の中で

「アメリカによる日本の構造的障害除去プログラム」 156
再びの「国民総転向」 158
アメリカが仕掛けた経済戦争 163
アメリカ経済学の「正しさ」とは 166
TPP交渉の本質は経済観の対決 168
アメリカの腹話術と化した日本人の議論 171
「他者」の言葉で思考する日本人 173
日本の言説空間は「ガラスでできた鏡張りの部屋」 176
今も続く「無意識で自発的な自己検閲」 179

第7章 「ごっこの世界」の中にある日本

アメリカ的価値への無意識の従属 184
「悪の帝国」と戦う「正義の共和国」 186

アメリカの「聖戦」 189
「侵略戦争」史観の起源 191
三島由紀夫はなぜ「軍隊ごっこ」を演じたのか 195
朝日誤報問題の本質 199

第8章 日本を縛る「非対称的な二重構造」

日米関係の質的変化 206
「日米の価値観の共有」という幻想 209
「価値観外交」の陥穽 211
真の国益から遠ざかる日本 219
日本人を縛る「構造」を知ること 222

第9章 「近代日本」という悲劇

高校野球と日本の開国 228

維新の精神から文明開化へ　230
近代化と列強との対立　231
ふたつの価値に引き裂かれる日本人　232
京都学派が唱えた「日本的精神」の核心　234
歴史認識の根底に横たわるポツダム宣言　235
価値観の対立がグローバルな悪循環を呼ぶ　238
敗戦の後の残すべき希望　241
日本の伝統としての自己犠牲の精神　244
諦念と覚悟という道徳　246

あとがき　250

第1章

漂流する日本人

ニヒリズムの時代

戦後七十年がたち、戦後をどういうふうに考えるかという話をしようと思います。もっとも、戦後の歴史を振り返るというようなことではなく、日本の戦後という特異な時空を大づかみにどう理解しておけばよいか、ということです。

その場合に、前もっていっておきたいことがあります。それは、われわれが生きている現代社会の基本的な特質は何かというと、私は、それを「ニヒリズム」として特徴づけたい、ということです。

これは日本だけではなく、世界的な現象です。ですが、戦後の日本は、その中にあっても、とりわけ特異なニヒリズムに侵されている、そういう時代だと思っています。

そこで、まずは、ニヒリズムとは何か。どうして日本社会は深いニヒリズムのさなかをただようことになったのか。そのことを論じてみましょう。

ニヒリズムとは何かというと、これはニーチェの定義ですけれども、最高の諸価値の崩壊とされる。

人々が共有して持てるような、高い価値の崩壊。もっと簡単にいってしまえば、人間が自分の命を懸けても惜しくないと思えるような、そういう価値というものが見えなくなってしまう。その結果、人間が生きることの意味をなかなか確認できなくなってしまう。さしあたり、これをニヒリズムといってよいでしょう。

もう少し別の言い方をすれば、最高の諸価値とは、簡単にいえば「絶対的なもの」です。この世の中に何か絶対的なものがある、そういう感覚がなくなってしまう、ということです。

西洋の場合には、絶対的なものは、とりあえず神という形で表象されてきました。また、神を最高の存在として想定できたおかげで、絶対的な真理というようなものも信じることができた。道徳にしても、神との約束によって「絶対的なもの」が道徳の基準になり得たわけです。

こうした「絶対的なもの」は「神」だけではありません。ギリシャ哲学の場合には、たとえばプラトンはそういう絶対的なものを「イデア」といったわけです。「善のイデア」が最高のもので、われわれの眼の前にあるもろもろの事物は、すべてこのイデアの写しのようなものだ、という。それは「現象」であって、本当の実在ではない。

しかし、それが単なる「現象」だとわかるためには、その背後に「イデア」という絶対的なものがある、としておかなければならないのです。

実際には「神」も「イデア」も具象的な実体として捉えられるものではないし、具体的に定義できるものでもなく、目に見えるものでもありません。

しかし、ともかく、何かそういうものがあることは疑い得ない。そうして初めて、この世界のもろもろの出来事や経験が相対的な「現象」にすぎないことが理解できるわけです。

われわれが日常生活の中にあって具体的に目で見て認識し、人間にとって都合がいいとか悪いとか、便利だとか不便だとか、そういう次元を完全に超えてしまったもの、つまり人間を超えたものが存在する。昔の人はそういうふうに考えていたわけです。

人間中心主義という思い上り

人間を超えたものが存在するということは、逆にいえば人間が考え出すこと、あるいは人間が思いつくこと、人間の行動などというものは、所詮限界があるということです。人間というものは、どう見ても、不完全な存在で、その生は有限だし、人間の行動には限界がある。いくら理性などといっても、所詮、人間の認識には限界がある。

そこから人間の思い上りに対する非常に強い疑念が生まれてきました。人間は「分《ぶん》」を知らなければならない。人間は謙虚でなければならない。いや、少し気を抜くとすぐに傲慢になってしまう。こういう考え方も出てくるでしょう。

だからユダヤ・キリスト教は、ことさら人間は罪深い存在であると主張し、常に悔い改めることを強《し》いた。人間は常に自己を見つめ、謙虚でなければならない。

またギリシャ人がもっとも警戒したのも、人間が思い上ること、つまり「ヒュブリス」なんですね。ギリシャでは人間が傲慢になることは常に戒《いまし》めなければならないと考えられた。

いずれにしても、人間がそれに対して奉仕しなければならない、あるいは、それに決して背《そむ》いてはならない何かがあるという、そういう感覚、これを突き詰めれば、何か「絶対的なもの」を志向することになるでしょう。

もちろん、それは「絶対的なもの」ですから、それが、この世の中で具体物として実現すると考えるわけにはいきません。

人は決して「神」になるわけにいかないし、「神のごとく」振る舞うわけにもいきません。「イデア」という絶対的な真理をこの世で実現するわけにはいきません。

そんなことをいえば、それ自体が傲慢なのです。いずれこの世界は相対的なのです。

しかし、それをわかるためにも、絶対的なものがどこかにあるだろうとしなければならない。そして、有限で限界を持った人間を超えた、もっと永遠で普遍的な何かを求める。そういう思考が西洋文明を生み出してきたのです。

ところがニーチェは、まさにそういうことをすべて否定した。「神」も「イデア」も、全部インチキだといったわけです。神もイデアも、本当は存在しない。そんなものは人間がただ作り出した幻影であるという。だからそれらを全部破壊しろという。

ではそれらが破壊されたらどうなるかというと、われわれが生きているこの世界が相対的である、という自覚が失われてしまうでしょう。

人間が人間を超えたものを想定することによって、自分の行動や認識に対して限界を設定してきた。自らを戒めてきた。その限界がなくなってしまう。そして人間は、自分こそがこの世界の主人だと思い始める。

これはひとつの思い上りです。ヒュブリスです。このヒュブリスを近代的に合理化すると、近代のいわゆる「ヒューマニズム」が出てくる。人間中心主義。人間そのものに価値がある、ということになるでしょう。

ルネサンス以来、人間中心主義の時代になり、ヒューマニズムが溢れ出てきて、人間性というものを解放した素晴らしい時代がやってきた、というふうに今日《こんにち》われわれは思っています。

だから、マックス・ウェーバーも「近代とは、宗教的なものからの解放だ」という。もっとも、彼はそれを全面的に肯定しているわけではありませんが。

確かに一面ではニーチェのいうように、「神」も「イデア」もただの幻影であって、そんなものに縛りつけられている理由はどこにもありません。

確かにそれはそうなんですが、別の面からすると、絶対的なものをことごとく否定した結果出てくるものは何かというと、人間自身を、つまり自分自身を絶対化してしまうという自己中心主義です。

それは人間の思い上りですね。人間が自分の分限というものを忘れてしまう。分限を超えてしまって、何かのっぴきならない世界に入り込んでゆく。

たとえば人間の自由という観念がある。それを、絶対的なものとして打ち立てる。そうすると、自由への欲望はもう無限に広がってゆき、さらに快楽や欲望を無条件に肯定して、その無限の追求に歯止めがかからなくなってしまうでしょう。

これでもかと自由を求め、欲望を実現しようとする。しかも、それを万人が持って生まれた基本的な権利だという。人間が生まれながらに持つ「自然の権利」だという。近代とはそういう時代になってゆくのです。

その一番根底にあるものは次のような考えです。人間が人間として生まれてくることによってそのままで絶対的に価値がある、ということです。生命尊重主義といってもよい。人間が生きているということ、そのこと自体を絶対的な価値と見なす。これこそが近代のヒューマニズムであり、そこから人間の基本的権利というような思想も出てくるのです。

「自由」がもたらした不寛容

もちろん、生命が大事なことはいうまでもないことなのですが、ここでいっているのはそういうことではなく、それもすべて相対的世界の話だ、という認識が失われてしまう、ということなのです。

端的にいえば、時には、生命よりも重要なもののために生命を賭さなければならないときがあるでしょう。生きるということは、生のために生命を失うこともあり得る、というやっかいな逆説を含んだものなのです。そういう認識が失われてしまう。

また、いくら人間中心主義といっても、自由や欲望を押さえつけなければならない場合がある。自分の欲望を押さえても果たさなければならない義務もあるでしょう。われわれを超えた何かのために頭をたれ、つき従わなければならないことがある、ということなのです。

しかし、生命・自由・平等、そして幸福追求の権利を絶対的なものとして無条件で肯定してしまうと、われわれの傲慢に歯止めがきかなくなってしまう。

おまけに、そうなると、人によって「自由」の内容も異なり、「欲望」も競合し、衝突するでしょう。私の求める自由とあなたの求める自由は違っている。時には衝突しかねない。そうするとどうすればよいのか。

そこでやむを得ず、「価値相対主義」が持ち出される。

自由というけれど、では自由を実現して何をしたいかというと、その内容はみんなそれぞれ人によって違うわけです。だから、人それぞれの主観を尊重し、多様性を認めようというわけです。それは価値相対主義です。もっともといえばもっともなことです。

しかし、ひとたび、価値相対主義から出発すると、そこからは、人間が自分の命を懸けてもいい、あるいは人間がそれに対して奉仕しようとする、そういう「高い価値」はもう生まれてこないでしょう。「神」であれ、「イデア」であれ、絶対的なものを持ち出すこともできなくなる。「絶対的なもの」は危険だ、ということになるでしょう。

ところが、その実、ここでは、先にも述べたように、自由自体が絶対的な価値になってしまっているのです。

そして、その場合、すべての人の多様な自由を平等に尊重しなければなりません。それはすべての人の自由の平等を要求します。だから、ここで平等性という理念もまた絶対化されることになる。

さらにいえば、平等を政治制度にする民主主義も絶対化されるのです。こうして、「神」や「イデア」という「絶対的なもの」の否定から始まったはずの近代において、「人間」そのものを絶対化することになる。

そしてその変奏として、「自由」や「平等」や「民主主義」といった理念が絶対化されてしまうのです。それを正面から批判することはできなくなります。

だから、今日、「表現の自由」などといっても、「表現の自由」そのものを攻撃することはできず、「表現の自由を疑う」という「表現」は禁じられてしまう。

実際、たとえばイスラム原理主義者が出てきて、こうした自由や平等をあくまで「西洋近代」のものだとして批判した。すると、それに対しては、「自由主義」の側はきわめて不寛容になる。

シャルリー・エブド事件が暴いた欺瞞

実際、このことは、現代社会に大きな亀裂を与えてしまっています。一例をあげてみましょう。

二〇一五年一月、フランスで起きた連続銃撃テロを機に、欧米各地で生じた「わたしはシャルリー」のデモはまさにそうでした。イスラム教を風刺する表現をたびたび掲載していたフランスの新聞社「シャルリー・エブド」を襲ったテロに対して「表現の自由を守れ」の大合唱が起こったのです。

もとより無差別テロを擁護するわけではまったくありません。それにしても、「表現の自由を守れ」と口々に叫ぶほどのものであろうか、という感想が湧き上がってきます。

異国の異教徒の神を風刺する権利はもちろん誰にでもあるでしょう。確かに表現の自由はある。しかし、そんな権利をわざわざ行使するかどうかは、良識の問題ではないでしょうか。表現の自由が、表現された当の相手を深く傷つけ、挑発し、場合によっては反撃をくらうことはいくらでも想定できることで、それにもかかわらずその権利を行使するのは、それなりの切実な理由があり、それなりの覚悟があってのことでなければならないはずです。

さすがに今回の出来事では、風刺画を掲載した新聞社への批判も強く、イスラム諸国だけではなく、西洋諸国からも批判が聞かれました。当然のことでしょう。

それ以前に、私などは、「自由」とは、果たしてそれほど普遍的で無条件に擁護されるべき価値か、と考えてしまうのです。

そもそも、自由、平等、博愛を掲げ、近代的自由を高々と掲げたフランス革命の中でいったい何万人が殺されたのでしょうか。自由とは聖職者・貴族らの特権階級に挑戦した第三身分、すなわち市民階級の自由にすぎず、それに反対するものは「自由」の名のもとに殺害されたり、国外に追放されたりしたのです。

また、「テロ」という言葉はもともと革命派の恐怖政治に対して反対派が投げつけた言葉なのであり、「自由と平等」を掲げた側こそがテロリストでした。

フランス革命から始まった西洋の近代的な「自由」は、それを「万人」が持つ普遍的な権利だといい、絶対化します。だからこれに反対するものは人類に対する挑戦者ということになる。

ところが、イスラム教徒は、神（アッラー）の教えに従った生活を至上のものとし、「自由」もせいぜいその範囲に収まるものでしかない。信仰と規律が価値の中心になっているわけです。

とすれば、イスラムの価値観はたちまち西洋流の近代的「自由」と対立することになります。

こうなると、普遍的な「自由」などというものも、決して普遍的ではなく、あくまで西洋流の価値だということになるはずです。「わたしはシャルリー」と叫ぶ人たちの「自由」も、あくまで彼らの都合に合わせた自由ということになるでしょう。

現に、いくら表現の自由などといってもユダヤ人差別やナチス賛美を暗示する作品を掲載するはずはないのですから。

このように、自由や平等を掲げる「西洋近代」そのものが絶対化されてしまうと、それとは異なった価値観を否定しかねません。

そうなるとその反動で、逆にイスラム過激派のように、自分たちの神を打ち立ててしまって、自分たちの神こそが絶対である、自分たちの神に奉仕するためには、相手を殲滅《せんめつ》してもかまわない、いや敵を殲滅するという「ジハード」こそが正しい行いだ、という独善もまた同時に生まれてくるでしょう。

これもニヒリズムの別の形態なのです。

「イスラム国」（ＩＳ）は、通常のイスラム教からも逸脱した極端な現象ですが、彼らの誤りは、この相対的な世界の中へ無条件に絶対的なものを持ち込めると思ってしまったところにある。

この絶対性は非常に独善的な、自分たち自身の神であって、それは万人が共有できるような共通善ではないのです。ニヒリズムがかえってそういう独善的で偏狭な絶対性を生み出してしまうわけですね。

こうして、真の意味での絶対的なものが失われ、偽の絶対性と見せかけの相対主義が支配しているのが現代という時代であり、われわれが生きているこの世界といってよいでしょう。

自覚なき日本のウルトラニヒリズム

現代文明は、どうもそういうところにどんどん入り込んでしまっているのではないでしょうか。

そして、そういうニヒリズム状況が、ある意味で極限にまで進行しているのが日本ではないかと私は思っているのです。

世界的にニヒリズム傾向はどんどん強まっているのですが、戦後の日本ほど顕著なニヒリズムに覆われてしまっている社会はそれほどない。しかもそのことにわれわれはほとんど気づいていない。ほとんどの人はそれを自覚していない、と思うのです。

それどころか、もっと大事なことに、何とも、このニヒリズムを素晴らしい、とさえ感じている。結構なことだと思っている。

どうしてかというと、日常生活は非常に平穏に行われており、時には惨《むご》たらしい犯罪やイジメがあるものの、それは例外的で個別的な事態で、全体的にいえば、これほど自由があり、物的な繁栄を謳歌してきた社会はそれほどないからです。

表面的にいえばそういうことになります。確かに、戦後日本ほど平和で自由で平等な社会はほかになかったでしょう。

海外旅行でもすればすぐにわかりますが、日本ほど秩序立っており、清潔で、また安全で、生活が快適な国はそれほどないでしょう。戦後七十年、ほとんど戦争らしい戦争もなかった。これも稀《まれ》な国ですね。戦後四十年の間に、アメリカに追いつくまでの経済発展も遂げました。

確かに、今日、都市と地方の格差が生まれ、人々の間の所得格差が開き、中国に追い抜かれたなどといっていますが、それでも、これほどの豊かな国はありませんし、世界的に見ればまだきわめて平等な国です。

だから、今、私が「日本はニヒリズムに陥っている」といっても、多くの日本人はなかなか実感できないでしょう。即座にそうだと思うほうが過敏にすぎるのかもしれません。

しかしこれから話しますように、「戦後日本」のこの繁栄は非常に変則的で奇妙な、強くいえばいびつな構造の上に乗っているのです。そのことを理解してもらいたいのです。

日本では「状況」が規範を作る

その前に、「現代日本のニヒリズム」ということについてもう一点だけ、注意しておきましょう。それは次のようなことです。

先ほど、ニヒリズムとは、絶対的な価値の崩落だといいました。これがニーチェの論点で、彼は、いうまでもなく「神」や「真理」といったものの自明性の崩壊を念頭に置いていたのです。

しかし、そうだとすれば、次のような疑問が浮かんでくるのではないでしょうか。そもそも日本には、西洋のような絶対的な「神」などいないではないか。最初から、「絶対的なもの」の中に日本人はいなかったではないか。

そうだとすれば、絶対的価値の崩壊によってもたらされるニヒリズムなど、日本では問題にはならないではないか、と。

これは大きな問題で、また別の機会に述べたいのですが、少しだけいっておくと、私の考えは次のようなものです。

確かに、日本では、西洋のような「絶対的なもの」を求める志向は弱かった。ほとんどなかったといってもよいぐらいです。

ともかくも、西洋では、「神」にせよ、「イデア」にせよ、万物の第一原因にせよ、地球を支える「アルキメデスの点」にせよ、すべての根源を求めるという志向が強い。

近代になっても、カントのいう「もの自体」や、あるいは普遍的な「理性」、あるいはヘーゲルのいう「精神」や、マルクスの「歴史法則」、さらにはハイデガーのいう「存在」など、すべてを動かす、あるいはすべての根源にある絶対的なものを志向する傾向は強いのです。

こうした傾向は日本には見られません。世界を普遍的な秩序として理解する、世界の根本を知る、といった志向は日本では弱かった、といわざるを得ません。

だから、「絶対的なものが崩落した」ということの衝撃は、確かに日本ではあまり感じることはできないのです。

西洋では、価値というものは、「神」であれ、「真理」であれ、「理性」であれ、「存在」であれ、そういう根源的で絶対的なものから生み出されてきました。

では日本ではどうだったか。「絶対的なもの」の代理を果たしたのは、「状況」だったのです。

人は常に「歴史」と「社会」の中にいます。それを超えて外に出ることはできません。その外に出て歴史や社会を眺める「神」や「理性」といったものは日本にはなかった。あるのは、今ここで与えられた歴史という「状況」であり、社会の「状況」なのです。

そこで、この「状況」をうまく解釈し、それに適応することこそが、いわば道徳的価値だと見なされたのです。それを外から見る、という「超越的な視点」はなかった。与えられた状況こそがすべてであり、それにうまく適応することが求められたのです。

基本的な価値は、歴史的・社会的状況によって与えられ、われわれがすべきことは、その状況を受け止めて、それに適応することであった。それが生活上の規範を形作ってきたのです。

だから、江戸時代にあっては、身分社会や封建的構造が歴史的・社会的に与えられたものであり、それに適応することが道徳的であった。次に明治になると、文明開化、欧化することが歴史的・社会的状況になり、昭和になると、軍国主義化が歴史的状況になった。そして、戦後になると、民主主義、平和主義、経済成長が日本の置かれた歴史的・社会的状況になり、それに適応することが規範になっていったのです。

時勢が価値を決める

まことに主体性のない話なのですが、それもこれも、絶対的なもの、世界の根源、といった「一者」を少なくとも明示的には求めなかった、ということなのです。

したがって、日本のニヒリズムということはできるが、そもそもの最初からニヒリズム的な面がある。だから逆に、西洋のように、文明の崩壊感やニヒリズムの持つ虚無感にひどく襲われることもないのです。

と同時に、江戸時代が終われば、瞬《また》く間に西洋型の近代国家へと変身し、いつのまにか、その西洋列強と戦争するという軍国主義へと流れ、戦後には一転して、敵対国のアメリカとすっかり仲良くして最良の友人だなどといって、まったく意に介さない。

無節操きわまりないのですが、大方の日本人はそんなことはまったく気にかけていません。「状況が変わった」のです。「状況」が変わったから規範（コード）が変わるのは当たり前なのです。

『菊と刀』を書いたルース・ベネディクトが、あれほど好戦的で特攻などという理解を絶する過激な攻撃まで仕掛けた日本が、ひとたび敗戦となると借りてきた猫のようにまったくおとなしく従順になって占領政策に従うことを不思議がっていましたが、それもこれも歴史と社会の「状況」が変わったのです。

レオ・シュトラウスという政治哲学者が、ニヒリズムの代表的な形態として「科学主義」と「歴史主義」をあげています。

「科学主義」は、事実との検証のみに関心を注ぎ、価値判断から切り離されてしまった現代の実証主義科学のことをいっています。「歴史主義」は、価値はその時々の歴史の流れの中だけで決まるとするもので、両方とも絶対的な価値を認めない。日本の場合、「科学主義」はともかく、「歴史主義」であることは間違いないのでしょう。

もっとも、実は、それほど確たる「歴史意識」というほどのものもありません。ただ、そのつど、そのつどの歴史的「状況」を与えられたものとして、それに適応しようとするのです。

福沢諭吉も吉野作造も、しばしば「時勢」という言葉を使いました。歴史とは「時の勢い」なのです。欧化は明治の「時勢」であり、民主化もまた「時勢」だったのです。「時勢」にさからうことはできません。それを受け止めて、いかにうまく振る舞うかということだけが問題になるのです。

それに対して、西洋は、歴史や社会を与えられた状況とは受け止めません。それを自己に有利なように作り変え、あるいは、「法則」や「理性」に従って動かそうとするのです。そこには歴史や社会を、その外に立って見る超越的な視点がある。それは、どこかに絶対的なものがある、という西洋的な思考習慣のなせるところでしょう。

「歴史の終わり」と「改革主義」

さて、ここで現代の日本に戻りましょう。

先にもいいましたが、多くの人が、相対的に見て今日の日本はよい社会だと思っているでしょう。戦後は、自由な民主主義が確立し、平和で経済は成長し物的な富も蓄積し、これほど安全で便利な国はそうはない、ということです。

もちろん問題がないわけではない。その多くは、戦後作り上げてきた制度やシステムが制度疲労を起こし、硬直化している点にある。

たとえば官僚機構が硬直化していて、行政の無駄が多く、効果的に機能していない。自民党中心の政治が国民の意思から離れている。あるいは、経済的な規制や慣行によって自由な市場競争が機能していない。学校教育がうまくいっていないため、生徒の平均的学力が低下し、国際的に活躍できる人材が育たない。

ざっと、こんなことがいわれてきました。そこで、政治改革、行政改革、経済構造改革、教育改革などが訴えられてきました。この二十年ほど、ずっと「改革」が唱えられてきました。「改革狂の時代」といいたいほどです。要するに、制度の変革が必要だ、というのです。

確かに、戦後七十年もたてば、様々な制度疲労もあるでしょう。個別具体的な分野での制度改革も必要でしょう。別にそのことに異論はありません。

しかし、戦後の基本的な価値観、すなわち、自由主義、民主主義、平和主義、経済成長を軸にした繁栄という価値観に対しては、ほぼ誰も疑いの目を向けることはありません。

他国と比較しても、日本はこうした価値を相当程度に実現してきた。このこともまた誰も疑いの目を向けることはないでしょう。政治改革、行政改革、経済構造改革という「改革主義」も、結局のところ、これらの「戦後的価値」のいっそうの実現を目指すものでした。

ところで、構造改革と総称された、この「改革主義」が登場してくるのは一九九〇年代の初頭です。

それは、ちょうど冷戦体制が一応終わり、ソ連、東欧の社会主義が崩壊した後です。自由主義・民主主義・市場経済からなる自由諸国が勝利し、世界全体を巻き込んだグローバルな自由市場が形成される、という時期でした。

もはや自由主義・民主主義・市場経済、という三点セットに誰も反対することはできない。歴史は、この三点セットを世界化する段階に達した、ということです。

言い換えれば、資本主義か社会主義か、自由経済か計画経済か、市場主義かマルクス主義か、というイデオロギー選択の時代ではなくなった。自由や民主主義、市場経済といった価値の勝利は確定した、というわけです。話題となったフランシス・フクヤマの「歴史の終わり」という議論がその代表格だったのです。

しかし、実は、この時期に、日本はたいへんに重要な選択を迫られていたのです。

冷戦構造下で忘れられた「価値」の問題

確かに一方で、グローバルな市場経済が成立する。その中で日本もこの流れに乗り遅れてはならない、という考えはあり得たでしょう。

世界中が自由主義、民主主義、市場競争へと移行する、という「状況」を前提とすれば、いかにしてこの「状況」に適応するか、というものです。また「状況」への適応です。

確かにこういう問題の立て方はありえたでしょう。「改革主義」はこの問題の立て方から出てきたひとつの回答でした。

しかし、実は、この背後にはうまく見えない、はるかに大事なことがありました。それは次のようなことです。

それは、そもそも、日本の戦後の繁栄が可能だったのは、あくまで冷戦構造があったからだ、という点です。

冷戦体制において、日本は、自由主義・民主主義・市場主義を奉ずるアメリカにつき、もっぱらアメリカと共同歩調を合わせておけばよかった。社会主義との対決においては、西側の間には大きな対立はなかったからです。緩やかな形で、自由な民主主義と市場経済のシステムを共有しておけば、それでよかったのです。

だから、日本の場合、「国益」はもっぱら日米関係を良好に保ち、経済成長を目指すということでよかったのです。価値についてのやっかいな問題に踏み込む必要もなかった。ましてや、「日本の国益は本当のところどこにあるのか」などというやっかいな問題に立ち入ることもなかった。

繰り返しますが、九〇年までは、日本の「国益」は、アメリカとの関係を良好に維持して経済を発展させる、ということでほぼ尽くされた。なぜなら、それが、国際的には社会主義との対決になり、国内的には「平和と繁栄」の条件になったからです。話はシンプルだったのです。

しかし、それを可能としたものが冷戦構造だったとすれば、九〇年代以降、「状況」はまったく異なってしまったのです。

冷戦体制の時代のように、社会主義との対立において、西側諸国が無条件で共通の利益と価値を奉ずるなどということができなくなったのです。もちろん、日本もアメリカと無条件に利益と価値を共有できる、などとのんきにいえる時代ではなくなったのです。

世界中が自由市場でつながれると同時に、世界中が、それぞれの国益の実現を目指すというこのグローバリズムの時代には、何よりもまず、各国が、それぞれの国の「国益」を再定義して、さらにそれをいかに実現するかを、改めて論じなければならなくなったのです。

この場合に日本の「国益」は、ただアメリカとの良好な関係維持と経済発展というだけではすみません。それは、日本という国をどのように立ち上げるか、どのような国として構想するかという「アイデンティティ」にかかわる問題だったのです。つまり、日本という国の「価値」にかかわる問題だったのです。

「国益」とは、ただ強い国になるとか、豊かな国になる、といったことではなく、どのような国をわれわれは構想するのか、という価値選択の上に定義されるべき概念です。

もちろん、これはたいへんに難しい課題です。いうのは簡単なことですが、実際に議論を収斂《しゅうれん》させるのはきわめて難しいでしょう。

ますます大衆化してポピュリズムに陥るこの民主政治の中で、日本の将来像を構想して、政治的アジェンダにまで持ち上げるということは、ほとんど絶望的ともいえるでしょう。

また、そもそも「アイデンティティ」などといっても、本当にそんなものはあるのか、という懐疑論にもそれなりの言い分はあります。価値相対主義を標榜する民主社会では、確かに価値選択など容易にできるわけはありません。

しかし、それでも、せめて議論ぐらいはすべきでした。また、そういう問題提起はできたのです。

少なくとも、ジャーナリストや人文・社会科学系の学者といった、広い意味での知識にかかわる者は、こうした問題提起をすべきでした。答えは出せなくとも、何が重要なことかは論じる必要があるのです。福沢諭吉の言い方を借りれば「議論の本位を定める」必要があったのです。

アメリカが目指す一極覇権型世界秩序

実際、日本とは対照的に、アメリカはこの時期、「冷戦以後」についての議論をきわめて活発にしていました。

まだ冷戦が終了していない八〇年代末期に、すでに、「冷戦以後」のアメリカの役割と世界の新しい秩序、といった議論が次々と出ています。

そして、すでにこの時期に、アメリカでは、冷戦以後の「敵」は日本である、という議論まで出ていたといわれます。日米の経済戦争こそが最重要なテーマだというのです。

ここには、明らかに、「冷戦以後」についてのアメリカの戦略がありました。それは次のようなものです。

イデオロギー対立が終わり、グローバル経済が進展する世界にあっては、どの国が覇権を持つかが決定的に重要になる。なぜなら、冷戦の崩壊によって、一度は既存の世界秩序が崩れてしまうからである。その秩序を再建する国が次の時代の覇権を持つ。

そしてその場合、ひとつの信頼できる大国が覇権を持った一極覇権型世界秩序こそがもっとも安定した世界になるだろう。

とすれば、アメリカこそがその覇権大国にならなければならない。なぜなら、アメリカこそが自由な民主主義と自由な市場経済という普遍的価値を実現できるからである。

そして、アメリカが覇権大国であるためには、アメリカは圧倒的な軍事力と、それを可能とする経済力を持たなければならない。

かくて、このような認識に立てば、アメリカの経済的覇権にとっての当面の「敵」は、ほかならぬ日本になるのです。今日では信じがたいことですが、八〇年代には、日米の経済関係は、日本のほうが優位に立ったといわれたのです。

ホンダやトヨタがアメリカのＧＭやフォードを追い抜き、ソニーがコロンビアを買収し、三菱地所がロックフェラーセンターを買収する、といった事態は、アメリカにとっては信じがたいほどに屈辱的なことでした。日本との経済戦争に入らなければならないというのです。

これがおおよそ、八〇年代の末から九〇年代にかけてのアメリカの考えでした。アメリカは明らかに冷戦以後の「新世界秩序」を構想していたのです。

自由と民主主義を世界化するという正義

私は、時々、アメリカとはつくづく面白い国だと思います。「世界秩序」についての構想が、同時にアメリカの「国益」でもあると見なされているのです。アメリカが世界の中心に位置することが世界のためであり、それは同時にアメリカの国益だというのです。こんな国はほかにありません。

世界は多様な国々の多元的な共存というような考え方は、ここにはまったくありません。そんなことは単なる空想だというのでしょう。世界は様々な国がその国家利益を懸けて相互に争い合うジャングルのようなものだと見なされているのです。ホッブズのいう「自然状態」のようなものです。だから、それを押さえるには圧倒的に強い大国が必要となる。

仮に世界が国際法のような共通のルールによって秩序化されるにしても、そのルールを実効あるものとする「力」がなければならないのです。そして、その「力」を持った国は、できるだけ民主的で信頼にたる国でなければならない。

こういう考えがアメリカにはある。いわゆる「覇権安定論」がそれです。世界は国家間の利害をめぐる衝突の場だとする「現実主義」の帰結が、「覇権安定論」を通して、アメリカの覇権を要求するのです。

そして、それがまた、アメリカの「国益」にもなる、という。この「国益」は、ただ経済的な利益であるだけではなく、価値観に基づいたものなのです。

まさにそこにアメリカの特殊性が出てきます。ここに、国際関係の「現実主義」とは異なった「理想主義」が表出されてきます。それは、アメリカという国は、自由、民主主義、市場競争、人権保障、幸福追求といった「普遍的理念」によって構成された国だという思想にほかなりません。

しばしば、アメリカは「自由と民主主義」を掲げる「理念の共和国」といわれますが、確かに、アメリカを統合する原理は、自由と民主主義という「理念」なのです。しかも、それは普遍的で崇高な理念なのです。だからまたそれは「世界化」できるはずなのです。

現実のアメリカには、いうまでもなくかなりの差別もあり、所得格差も法外に大きく、決して自由と平等を絵に描いたような社会ではありません。たとえば、二〇〇〇年代のアメリカではトップ一〇パーセントの富裕層がアメリカ全体の国民所得の半分近くを占めている、というのです。たいへんな不平等社会です。

しかし、だからこそ、自由と民主主義という普遍的理念を強調する必要があるのです。この緊張がアメリカ社会の統合の原理となっているのです。

「アメリカ」を相対化できない日本人

かくて、八〇年代末から九〇年代初頭にかけて、アメリカは「冷戦以後」を構想し、その新たな世界秩序の中でのアメリカの「国益」を再定義しようとしていた。その中で、暫定的にアメリカが問題視したのは、ほかならぬ日本だった。それが、九〇年代の日本に対する構造改革の要求になってくるのです。この点はまた後で述べましょう。

しかし、その同じ時期に、日本はといえば、ほとんど「冷戦以後」の日本の「国益」についてのまともな議論はなかったのです。

ただ存在したのは、グローバルな市場経済に日本も乗り遅れるな、という状況適応論だけでした。そこへアメリカからの構造改革要求が入ってくる。こうして、「グローバル化へ向けて市場競争を強化せよ」という構造改革論一辺倒になったのでした。

結果として、日本はアメリカの意向を受けて改革路線に突入するのですが、その構造改革がやがて日本経済を大きな混乱に陥れることになる。

九〇年代からの日本経済の「失われた二十年」、そして九六年あたりから始まるデフレ経済をもたらした要因はいくつかありますが、その根底にある「基底的な要因」はといえば、グローバル化と、その中での構造改革の断行にあった、といってよいでしょう。

ここで、日本は、思考の転換をすることができなかったのです。冷戦体制的な思考がただ変形され延長されただけでした。ただ、アメリカとの良好な関係の維持とそのもとでの経済の活性化、という発想です。「アメリカとの良好な関係」が前提となり、その帰結が「日本の経済発展」なのです。これは戦後ずっと変わりません。

いってみれば「アメリカ」がまず「状況」として設定されている。そのもとで、もっぱら「経済」に関心を注ぐという発想なのです。

「アメリカの戦略」を相対化して見ることができないのです。「アメリカ」を相対化して眺めるためには、「アメリカ」を超えた視点が必要となる。それは、日本独自のやり方で「世界」を見る、ということです。「世界」を見る独自の視点がなければならない。

しかし、そんなものは持ち合わせていない。もちろん、イスラムの専門家もいるし、ロシアの専門家もアジアの専門家もいます。

しかし、ひとつは、これらの専門家の多くもアメリカのイスラム研究やアジア研究の影響が強く、彼らも「世界」を見る場合には、どうしてもアメリカの見方を参照せざるを得ません。また、国際関係論や経済学はほぼアメリカ一辺倒なのです。

こうして、日本独自の観点から「世界」を了解する、ということができない。むしろ、「世界」を見る見方を「アメリカ」から借りてくる。

こうなると、とても「アメリカ」を見る、外部的（超越的）観点を持ち合わせているとはいえません。ここに大きな問題があることをまずは了解してください。

第2章

「戦後レジーム」が抱えるふたつのディレンマ

「文明の衝突」に巻き込まれた日本

少し話が現下の状況に飛びますが、二〇一四年にアラビア半島のシリアでいわゆる「イスラム国」(IS)を自称する武装集団がいっきに勢力を拡大し、イラクの一部も「領土」とするという事態になりました。

イスラムの超過激派の武装勢力で、同じイスラム教徒のシーア派の人々を虐殺したり、アメリカ人やイギリス人の人質を残虐なやり方で殺害したりしています。

この自称「イスラム国」が、二〇一五年には日本人をふたり、これも残虐なやり方で殺害しました。身代金やヨルダンにとらわれたテロリストの解放を要求したにもかかわらず、それが容《い》れられなかったからです。

このとき、彼らは、日本を攻撃のターゲットにすると「宣戦布告」を出しました。これに対する日本政府の対応は、アメリカを中心とする「有志連合」の一員として、日本もテロ集団である「イスラム国」と徹底して戦う、ということでした。少々、強くいえば一種の戦争状態に入ったわけです。

しかし、多くの日本人は、何か割り切れない気持ちを抱いたのではないでしょうか。わわれわれは、「イスラム国」と何のかかわりもありませんし、そもそもどんな集団なのか見当もつきません。

それどころか、われわれのほとんどは、イスラム教そのものにまずなじみがありません。いったいコーランに何が書かれているのかもよく知りません。「宣戦布告」されてもいったい何と戦うのか、という当惑が先に立ちます。

どうしてこういうことになるのか。いうまでもなく、日本はアメリカと同盟国だからであり、アラブ、イスラム的価値観ではなく、アメリカを軸にする西洋的価値観を信奉しているからです。

また後にも述べますが、「日米同盟の根幹をなすのは日米共通の価値観である」と繰り返し日本政府は述べています。いわゆる保守系の知識人も同様にいう。

日米共通の価値観とは、自由な民主主義、人道主義や人権尊重、市場経済といった西洋発の近代的理念の普遍性ということでしょう。それらを日本も信奉するということです。

それは、もちろん「イスラム国」のイスラム至上主義とはまったく相容れません。もっとも、「イスラム国」が本当にイスラム的価値の信奉者なのかどうかは、いささか不明です。

しかし、少なくとも彼らは自分たちこそ徹底したイスラムの信者であり、コーランの実践者だといっています。彼らは西洋近代社会を徹底して敵対視しているのです。

繰り返しますが、アメリカは、自由な民主主義の普遍性、人権思想の普遍性、市場経済の普遍性などをその国家の根幹にすえており、それを世界化しようとしている。

それらを世界化することでようやく世界秩序が安定し、人々はそれなりに幸福になるという一種のメシア的ユートピア思想を持っている。決して表面には押し出しませんが、この背後には、ユダヤ・キリスト教的世界観があることは疑い得ないでしょう。

アメリカがこのメシア的使命を完遂して、世界秩序を安定化する状態を、フクヤマは「歴史の終わり」と呼んだのでした。

言い換えると、「歴史」とは、自由、民主主義、人間の基本的権利、さらには幸福の追求などといった価値が、様々な敵対者との闘争をへて世界化する過程なのです。このプロジェクトが完成したとき、歴史は終わるわけです。

フクヤマが、八九年に「歴史の終わり?」と題する論文を発表したとき、彼が「最終戦争」と考えていたものは冷戦でした。社会主義という名をまとった全体主義との戦いを彼は想定していたのです。やがてすぐに、自由な民主主義や市場経済の勝利が確定し、歴史は終わるだろうというわけです。

ところが、実際には、次の新たな、しかももっとやっかいな敵対者が出現したのです。それが、イスラム過激派のテロリストたちでした。

二〇〇一年の九・一一（アメリカ同時多発テロ）を引き起こしたアル・カーイダがその典型だったのです。彼らがやっかいなのは、それが主権国家ではなく、世界中に散らばったテロ組織だからです。そして今日、「イスラム国」がそれに続いている。

よく知られているように、フクヤマの「歴史の終わり」論に対抗して、一九九三年に、政治学者のハンチントンが「文明の衝突」論を提唱しました。

冷戦後の世界は、決してフクヤマのいうように、自由、民主主義、市場経済などの西洋的価値の普遍化や世界化を意味するものではない、と彼は主張した。そうではなく、欧米からなる西洋文明とイスラム文明、中国文明などの複数の文明の衝突の時代だ、という。

ハンチントンの議論は、かなり大雑把でしかも大胆なものですから、多くの異論や批判にさらされました。

確かに批判は容易です。しかし、今日の世界の様相を見ていると、大雑把ではあるものの、どうやらハンチントンの図式のほうが本質を突いていたように見受けられます。

日本とイスラムの対立は必然

実際、西洋文明とイスラムの間には、歴史的に長い抗争がありました。なにも今に始まったことではありません。

古くはキリスト教による聖地奪還の十字軍があり、もっと直接的には、オスマン帝国崩壊後のアラブの分割をめぐる、一九一六年のイギリス、フランス、ロシアによる「サイクス・ピコ協定」がある。これはアラブの西洋に対する不信感を決定付けました。

そして、第二次世界大戦後のイスラエル建国があり、そこからパレスティナ問題が発生する。もっとも近いところでは、二〇〇三年のアメリカによるイラク攻撃があります。

実際、「イスラム国」の中枢は、アメリカのイラク攻撃によって崩壊したフセイン政権下の軍人たちだといわれている。

したがって、ここには、世界についてのふたつの見方がある。

ひとつは、いってみれば西洋中心主義的な見方です。フクヤマの「歴史の終わり」型の思考です。欧米の政府は、もちろん、この立場に立つ。口が裂けても「文明の衝突」などとはいいません。アメリカもヨーロッパも自国の中に、多数のイスラム教徒を抱えているからです。もし「文明の衝突」などといったら、自国の中に大きな分裂と衝突の火種を持ち込むことになるからです。

ですから、欧米は、対テロ戦争や、イラクへの攻撃、さらには「イスラム国」との対決はあくまで野蛮なテロリストとの戦いである、という。イスラム教徒と戦っているわけではない、という。

その通りです。しかし、それですべて了解できるわけでもありません。イスラム主義者の中から、次々とテロリストが出現し、彼らが、かなりの我田引水的、あるいは牽強付会《けんきょうふかい》ながらも、コーランを引き、「アッラー」の名を出してジハードを行い、またイスラムによる統一国家の形成を唱えたりする。

こうなると、決して「イスラム」という要因を無視するわけにはいかないのです。わざと「イスラム」に目を瞑《つむ》り、あえて「野蛮なテロリスト」で片付けようとすると、決して問題の核心には踏み込めません。また、欧米におけるイスラム教徒の立場を問題にすることもできなくなってしまいます。

しかも、アル・カーイダによるアメリカ中枢部の攻撃に際しては、かなりのイスラム教徒がこれを容認したという経緯も決して無視できないのです。

いずれにせよ、ここで大事なことは、この場合、では日本はいったいどの立ち位置にいるのか、ということなのです。このことについて、誰か確信を持って答えられるでしょうか。

イスラム教と、西洋近代の価値観は根本的には相容れない面がある。イスラムはあくまで政教一致で、宗教的権威が絶対です。政治的指導者も通常はカリフなど、宗教的指導者から選ばれるのです。

これは、一応のところ、特定の宗教を政治に持ち込むことを排する西洋近代の価値観とは対立する。コーランに従って「アッラー」の教えによって生きるという宗教的生活を根底に置くイスラムと、個人の自由と民主主義から出発する西洋的価値観はどうしても相容れないことになる。

正面からの衝突はないとしても、一歩間違えば深刻な対立を呼び覚ますような緊張は常に存在するのです。しかも、先にも述べたように、西洋の価値の根底にはユダヤ・キリスト教があるから、なおさらです。

果たして、日本は、この場合に、どこに位置するのでしょうか。

もとをただせば、日本は西洋でもイスラムでもありません。西洋近代の普遍性や世界化を唱えたわけでもありません。イスラムと対立したおぼえもありません。本来はどちらでもないのです。

だから、「イスラム国」による戦闘宣言を出されてもまったくピンときません。かといって、西洋近代の価値を守るために「イスラム国」との徹底抗戦に入る、などという自覚も覚悟もないのです。

ここで日本はどうにもならないディレンマに陥ってしまいます。

「イスラム国」から戦闘宣言を出され、敵対国と名指しされたのは、いうまでもなく、緊密な日米関係のせいでした。

もちろん、直接には日本の中東への「人道的支援」が「イスラム国」を刺激したということもあるでしょう。彼らからすれば、敵国への支援に見えたということもある。いや、「イスラム国」のテロにやられた側の人々に対する人道的支援ですから、これは明白に「イスラム国」とは敵対するのです。

しかし、仮に人道的支援がなくとも、本質的には日米同盟がある限り、「イスラム国」からすれば日本とは敵対します。これは、アル・カーイダなどのテロ組織にしても同じことです。

しかも、日米同盟の基軸は価値観の共有だというわけです。日本は、西洋近代の思想や価値を信奉し、その上にアメリカと共通の世界認識・歴史認識を持っている、ということになる。

こうなると、攻撃されようがされまいが、いずれ、日本は「イスラム国」とは敵対するほかなく、もっといえば、これも衝突すると否とにかかわらず、イスラム主義とは容易には妥協できないということになってしまう。イスラムの側が、西洋近代の価値に対する不信感を持つ限り、日本とイスラムは「異質な国」であるほかないでしょう。

憲法平和主義の矛盾と終焉

さて、それが意味することはどういうことでしょうか。それは、戦後日本がいってみれば、最高の独自の国是としてきた「平和主義」がもはやもたないということです。

いや、今日、安倍首相が唱える「積極的平和主義」は、これまで日本がやってきた「一国平和主義」を根底から変えようとするものなのです。

というと、すぐに左翼の「平和主義者」は、安倍は国民を戦場に送るつもりか、などといいだします。

もちろん、そうではありません。「積極的平和主義」とは、「国際社会」の秩序を脅《おびや》かす危険勢力を積極的に排除することで「国際秩序」を作り上げようというものなのです。

危険勢力とは、いわゆる「ならず者国家」や、国際法を無視して領土拡張を試みる国や、テロ支援国家、そしてテロ集団そのもの、といったところで、彼らこそが、世界秩序を攪乱し、不安定化の要因になっている。だから、これらの危険国家や組織との戦闘に日本も積極的に関与する、というのが安倍首相のいう「積極的平和主義」なのです。

そして、これは明らかに戦後日本の「一国平和主義」の大転換にほかなりません。

このことは、戦後日本がやってきた安全保障の考え方そのものについて改めて再考を迫るものです。そもそも「一国平和主義」が無理だったのです。

世界のあちこちで戦争や紛争や混乱が生じているときに、このグローバル経済の中で日本だけが、「我関知せず」を決め込んで「一国平和主義」で万歳、といっているわけにはいかないでしょう。

冷戦以後の時代は、またグローバリズムの時代であり、一国だけで経済が発展するわけでもなく、一国だけで平和というわけにはいかない。仮に日本が経済大国の地位を維持しようとすれば、そのためにも、世界秩序が安定していなければなりません。

とすれば、「国際社会」の脅威に対して、先進国が協調して戦うということになる。それなら、安倍首相の「積極的平和主義」には十分な理由があります。

これはこれでわからなくはない。ところが、戦後日本の「平和主義」には、もう片面がありました。それは、日米安保体制です。

実はこのふたつはセットなのです。「一国平和主義」と日米安保体制は、相互補完的なのです。

そして、この片面の日米安保体制という面から見ると、安倍首相の「積極的平和主義」はかなり大きな問題をはらんでいるのです。

というのも、「積極的平和主義」は、そもそもがアメリカの意向に強く引きずられたものです。また、日米同盟の当然の帰結でもあります。日本がアメリカと価値観を同じくして世界の事態に対処しようというのであれば、もはや「一国平和主義」にとどまっているわけにはいかないからです。

しかし、そうすれば、日本は、ますますアメリカの世界戦略に巻き込まれることになる。イスラム過激派との戦争など、本来、日本とはまったく関係のない戦争をせざるを得なくなる。

これは、もしも、日本が欧米と同様の西欧近代の価値観の普遍性を主張するとすれば、当然に生ずることなのです。イスラムや、西欧との軋轢を持つ国と対立することになる。

しかし、もしそうだとすれば、国家の体裁も欧米的にしておかなければならないでしょう。「一国平和主義」などという価値は欧米にはありません。交戦権を否定する憲法などというものは欧米では考えられない。

だとすれば、もし日本も西欧近代の価値観を擁し、アメリカと価値観を共有するというのなら、憲法の「平和主義」をまずは放棄しなければならないでしょう。しかし、まさにその平和憲法こそ、戦後日本の価値のよりどころと見なされてきたのです。

そもそも「国際化」とは何か

さらに私は、しばしば使われる「国際化（internationalization）」という言葉にも違和感をおぼえます。これは長谷川三千子さんが書いていることですが（『からごころ』中公文庫）、われわれは、よく「国際化する」という。「日本はもっと国際化しなければならない」などという。

しかし、“internationalization”とは、そのまま訳せば「国際化させる」という意味です。「国際的なものになす」といった意味です。日本人が日本語で「国際化する」といったときは、「国際的なものになる」という意味で、たいてい主語は、当の国際化する当事者です。これは自動詞なのですが、英語で「国際化（internationalize）」といったときには、何かが何かを国際化する、という他動詞なのです。

これからおおよそ見当がつくように、「国際化」とは、十九世紀には、西洋がアジアやアフリカを植民地化し、それを西洋諸国の間で、共同統治したり、分割統治したりする、という意味で使われたのでした。

そもそもの「国際的（international）」という言葉は、十八世紀末にベンサムが「国際法（international law）」として使いだしたようですが、もちろん、この「法」は、あくまでヨーロッパの中でのみ通用するものでした。

ヨーロッパ近代社会の成立は、十七世紀のウェストファリア条約による「主権国家」の成立あたりに始まると見てよいでしょうが、そのとき、主権国家の「間の関係」としてのinter-nationalという概念が事実上、できあがるわけです。

グロティウスが同じ頃、国際法に当たる概念を作り出します。これは、国家間の関係を律する共通の法があり得る、というものです。それは、あくまでキリスト教を背景にしたヨーロッパの共通の価値から出てくるものでした。

十九世紀の植民地の時代になって、このヨーロッパの「国際法」の観念が世界へ広げられてゆくのです。しかし、これは実は、世界が、ヨーロッパ的な価値とルールへと無理やり編入されてゆく、ということだったのです。こうして、西洋的なルールによって構成された世界を「国際社会」というわけです。

今日、国際的な価値とルールを強く打ち出すのはアメリカです。だから、アメリカが「国際社会」という概念を好むのも当然で、それは、非西洋諸国を、西洋が生み出した秩序に編入する、という意味を帯びた概念だったのです。

かくて「国際社会」なる概念も、欧米中心的な世界の秩序を指すわけで、それに従わないものを、そこへ編入する、という意味を持っている。

とりわけ、アメリカがしばしば「国際社会」という言葉を使うときは、当然ながら政治的にも法的にもアメリカを中心とした世界秩序を想定しているでしょう。

しかし、果たして、その意味で、日本にとって「国際社会」は自明のものなのでしょうか。

もちろん、今日、このような意味合いはかなり脱色されていますが、それにしても、われわれ日本人の「国際化」や「国際社会」なるものへのあまりに素朴な愛好は困ったものです。

われわれが「国際社会」といったときには、何か普遍的な価値やルールを共有できる平和愛好的な世界をイメージしてしまうのですが、アメリカ人が“international society”といったときには、アメリカの価値やルールを共有することで安定した世界というニュアンスがついてくるでしょう。

つまり、世界の秩序や平和は、あくまで「力による、ある秩序への編入」という歴史を背負っている。今日の世界秩序はあくまで「アメリカの覇権」を想定した上でのことがらなのです。

平和どころか戦争を招く日米同盟

さて、ここで日本に戻りますが、日本は一方で平和憲法を持ち、他方で、「国際社会」に貢献する、という。つまり、アメリカの覇権に協力する、という。そして、大事なことは、ここで見事なまでに、戦後日本が国家としてはらむ矛盾が顕在化してしまった、という点ではないでしょうか。

戦後日本の安全を保つ基本的な構造は、「平和憲法」プラス「日米同盟」でした。憲法の平和主義によって武装解除された日本の安全保障を事実上つかさどったのが米軍ということになります。

言い換えれば、日米安保体制が存在したおかげで、日本は憲法平和主義（一国平和主義）を掲げて戦争にいたらずにやってきたのです。決して、平和憲法があったからだ、というだけではありません。

それが、日米同盟のおかげで、少し極端にいえば、日本は「イスラム国」との戦争状態に入らざるを得なくなった。もはや憲法平和主義を維持することはできなくなったのです。

アメリカとの同盟が、共通の価値に基づく、とした以上、アメリカ流の「国際社会」の秩序を守る、という価値観に日本も参与せざるを得ない。「国際社会の安全のために、国際社会と協調して戦う」といわざるを得ないのです。これはもう「一国平和主義」などというものではあり得ません。

日米同盟によって憲法平和主義を維持するという、戦後の国家の安全にかかわるもっとも基本的な構造が崩れてしまった。平和憲法と日米同盟の間に矛盾・亀裂が生じてしまったのです。

「積極的平和主義」の正しさ

しかし、実は、これは今日の「イスラム国」や対テロ戦争によって引き起こされたことではありません。確かに、「イスラム国」や対テロ戦争は、この矛盾をいっきに顕在化しました。にもかかわらず、この矛盾は、もともと「平和憲法」プラス「日米同盟」という構造そのものに内蔵されていたものです。

別に深く考えるようなことでもありません。この構造はそもそもが矛盾しています。あるいは、一種の欺瞞といってもよいでしょう。

つまり、アメリカという「外」の軍事力によって日本の安全を確保した上で、「内」においてはいっさい武力行使を放棄するという平和国家なのです。このことそのものが矛盾であり、欺瞞なのです。

憲法は国のもっとも根本的な構造やあり方を示したもので、いってみれば「主権」の現れです。ですから、戦後日本は、武力放棄・平和主義という形で主権を表出してきた。

ところが、同時にその主権の作用である安全保障をアメリカの軍事力に委ねてきたわけです。

主権とは、自らの力で自らの安全を確保するのが当然の姿でしょう。ところが、日本の場合、その主権を守るものはアメリカという「外部」の力にほかならない。これは、どう見ても言い逃れようのない根本的な矛盾であり、欺瞞というほかないのです。

安倍首相の「積極的平和主義」は、そのことに気がついているのです。その矛盾を何とか一歩先へ進めようというのです。アメリカの力という「外」を所与として、日本の「内」はあくまで憲法平和主義でやってゆくという欺瞞を何とかしようとしている。

だから、「外」にあるはずの「アメリカの力」に、日本もある範囲で参与し、可能な限りアメリカと積極的に協調行動をとる。日本の「内」の平和は、日本がアメリカと共同行動をとるという形で「外」へ関与することで、より積極的に確保できる、というのです。

これはまた、次のようにいうこともできるでしょう。

冷戦体制下ならともかく、冷戦以後のグローバルな世界では、もはや、「内」へ向けた日本独自の平和主義ではうまくやってゆけない。なぜなら、日本の平和も混乱も、このグローバルな時代にあっては、世界と深く結びついているからだ。つまり、「国際社会」の安定秩序と日本の安全は不可分である。とすれば、日本は、日本の安全確保のためにも「国際社会」の秩序形成に関与すべきである、と。

これは正論です。議論としてはまったく正しい。繰り返しますが、安倍首相の「積極的平和主義」もそういうところから出ている。

「平和」とは、ただただ武力行使を避け、戦闘を避ける、という「消極的なもの」ではなく、秩序を乱すものを時には力によって排除してゆく、という積極的行為によって獲得されるものだ、ということです。つまり、「平和」とは、ただただ戦闘がない状態なのではなく、それ自体を「力」によって作り出してゆくものだ、ということです。

これは、そもそもの「平和」という語が、「パックス」というラテン語から出ていることを考えれば、十分にうなずけることなのです。「パックス」とは、たとえば「パックス・ロマーナ」が「ローマによる平和」を意味するように、「力によって平定された状態」なのです。

だから、ある「力」によって「国際社会」を作り出してゆくことで初めて世界は「平定」される。それが「平和」なのであって、決して日本の憲法平和主義のように、ともかく武力放棄して戦闘状態をなくせば「平和」だ、などというわけにはいきません。戦後日本の平和主義のほうが、確かにいささか変則的で欺瞞的なものだったのです。

国際社会秩序に加わることの落とし穴

安倍首相の「積極的平和主義」は、この欺瞞的な「憲法平和主義」から、一歩、抜け出そうとしている。それはよくわかる。

しかしここに、大きな落とし穴があるのではないでしょうか。

それは次のようなことです。

先ほど、国際社会の秩序を「力」でもって作り出すことが「平和」の達成だ、といいました。どうでしょうか。これこそは、実は、アメリカのあの「歴史の終わり」論であり、国際政治の覇権安定論ではないのでしょうか。

まず「国際社会」という確固としたものはどこにもありません。世界は、あくまで、先進国と後進国、経済大国や軍事大国、弱小国、宗教的国家や世俗国家、王国や民主主義国など多様な国家の集合体にほかならない。欧米もあれば、アジアもあり、アフリカもイスラムもある。それらの集合体です。そこでは、宗教や民族を異にする多様な国が並存し、経済発展の段階も政治システムも国民の価値観も異なっているのです。

これが現実でしょう。この現実から出発すべきではないでしょうか。

しかし、そうは考えない国があります。アメリカです。アメリカは、世界は均質化に向かうべきだと考える。

なぜなら、自由な民主主義や、個人の権利、市場経済、さらには、合理的な科学的精神や政治と宗教の分離などは「普遍的原理」だと見なしているからです。そして、普遍的なものは現実に実現されねばならないし、またそうなるはずだ、ということなのです。

世界史が普遍的なものの実現に向かうというこのような思想は、たとえば十九世紀にはドイツの哲学者ヘーゲルが唱え、それを引き継いで二十世紀に入ると、ロシア生まれのフランスの哲学者コジェーブが唱えました。

彼は、歴史とは「自由」が拡大する闘争の過程であり、歴史の最終段階では、世界は「普遍同質国家」が並存する、といいました。「普遍同質国家」とは、自由・民主主義を至上のものとする国家です。すべての国が、自由・民主主義のほうへ向かうということなのです。

そしてさらに、それを引き継いだのが、フランシス・フクヤマの「歴史の終わり」論だったのです。

もとはといえばヨーロッパの啓蒙主義から生み出されたこの思想が、アメリカには、濃厚に根付いている。しかも、そこにはもうひとつ、ユダヤ・キリスト教のメシアニズムが流れているのです。

繰り返しますが、アメリカの世界観や歴史観を形作っているものは、こうした価値であって、それは日本人のわれわれとは大きく異なったものなのです。

われわれの多くは、今日の世界を理解する場合、このアメリカ流の普遍主義だけではすまないと思っているでしょう。イスラム諸国は必ずしも、西洋近代的価値の普遍性を信じてはいないし、アジア諸国もまた少し異なった価値観を持っている。ロシアや中国はまた異なっている。こう考えているでしょう。

そうだとすると、「文明の衝突」とまではいわないにしても、「文明の軋轢」ぐらいは当然だと思っている。

とすれば、「イスラム国」と欧米の対立も、ただ野蛮なテロリズムと文明の正義の間の対決というだけでは収まらず、その背後に、イスラム文明と西洋文明の歴史的な「軋轢」がある、と感じているでしょう。では、どうしてそこへ日本が参戦するのか、という疑問が出てきてしまうのです。

「戦後日本のレジーム」の限界

ここにもうひとつ、戦後日本が抱えている矛盾があります。これもまた重要なディレンマです。

それは次のようなことです。

戦後日本は、公式的にはアメリカの価値観を受け入れた。そうしないと「戦後日本」を立ち上げることはできなかったからです。個人の自由や民主主義、人間の権利や幸福追求、市場経済といったアメリカ的価値を普遍的なものとして受け入れた。

しかし、そのことを本当に信じきれているかというと、どうもそうは思えません。しかも、こうした価値は、それが普遍性を要求し、世界化されればされるほど、形式化されて内容が空疎になってゆくか、あるいは逆に原理化されて、土着の習慣や制度や文化と摩擦を起こす、といったことになります。

これもまた先ほどの長谷川さんも指摘していることですが、実は、「普遍的（universal）」という言葉も少し曲者《くせもの》で、これは“uni”と“vertere”という言葉の結合です。“uni”が「単一の」であり“vertere”は「方向付ける」です。したがって、“universal”とは「ひとつのものへと方向付ける」という意味なのです。

これも、われわれの「普遍的」という意味合いとは少し違っていて、われわれは、普遍的というと、もとより何か自然に共通のものを取り出す、といった意味が強いのですが、語源的にいえば、「あるひとつの方向へと向ける」ことによって「普遍」が出てくるのです。

ここには意図的な作業、働きかけが含まれている。この意図的な働きかけの主体が西洋であることはいうまでもありません。「平和（peace）」が「力による平定」であったのと同様に、「普遍的（universal）」もまた、「力によってひとつの方向へ向けられた一致」というような意味を含んでいるのです。

したがって、どうしても、非西洋世界は、その近代化のプロセスや、「国際化」の中で、西洋の生み出した近代主義との対決や軋轢、あるいは葛藤を抱えているのです。

そして、これは実は、イスラムの場合だけのことではなく、われわれ自身の問題なのではないでしょうか。そのことにわれわれは、本当は気づいているのではないでしょうか。

しかし、日本はアメリカとは異なった価値によって組み立てられた国だ、とはなかなかいいにくいのです。日本思想や日本的精神や日本文化の独特さなどということをいいにくいのです。

それをいうと共通の価値観によって結ばれた日米同盟、という議論が崩れてしまうからです。日米同盟にまで影響しかねないからです。そうすると、戦後の日本の国の安全保障の枠組みが揺らぎかねないからです。

さらに、「日本独特の」という言い方は、戦後は「公式的には」否認されてしまいました。これは大事な点ですからまた後述しますが、「日本は独自の文化を持っている」とか、「日本は独特の国だ」とはなかなかいいづらいのです。

かくいう私も、あまり「日本の独自性」を強調することは好きではありません。最初から他者への了解可能性や、他者との共通性への関心をつんでしまいかねないからです。

しかし、確かに戦後ある種のバイアスがかかったことは事実で、「日本の独自性」よりも、「国際社会の普遍性」へと傾いたことは否めないでしょう。それは、戦前にあって「日本は独特の国である」という言い方が過剰な国家意識を生み出した、ということの反動です。

とりわけ、日本的な思想、日本的精神といった日本特有の価値を連想されるタームは、いわば「戦後の文法」に違反するのです。それはすぐさまナショナリズムと同一視されてしまう。こういう状態が戦後、長く続きました。

それほどまでに、戦後日本の最大の課題は、「国際社会」に迎え入れられ、「国際社会」の承認を得、国際社会で名誉ある地位を占める、というところにあったのです。戦後日本の価値は普遍性を持っていなければならなかったのです。これが戦後の「公式的価値」だった。

「顕教的な価値」と「密教的な価値」

そして、ここにディレンマが出てくる。

「公式的」には、日本はアメリカによって「ひとつの向きへ方向付けられた」普遍的価値を抱き、そのことによって「戦後」を立ち上げ、さらには「国際社会」なるものの信任を得ようとしてきた。

ところが、それだけでは、われわれの生活も思想習慣も成り立ちません。そこで、「日本的なもの」と称される様々な伝統的もしくは土着的習慣や思考は、現実にはいくらでも残されてきたのです。われわれの日常の生活感覚や人間関係や美意識といった次元まで降りて、こうしたものを排除することはさすがに不可能だからです。

しかしながら、それは「公式的」には表現されず、「非公式な」文化や思想や慣習として潜在化しているのです。この二重性を持ってきた。ここに「戦後日本」の困難があります。

公式的に表明される「顕教的な価値」と、おおっぴらには表現されない「密教的な価値」との二重構造になったのです。「戦後レジーム」とは、この二重構造であり、二重構造の持つ亀裂をできるだけ見ないようにして、あえて「顕教的な価値」でやってゆこうというシステムだったのです。

そして、グローバル化がこれほど進んだ中で、一方で、アメリカニズムに代表される西洋近代の価値に疑問符がつけられ、現実に、民主政治も市場経済も決してうまくは機能していない。どうも、「顕教的な価値」がうまくいっていない。しかし、「密教的な価値」をもう一度、確かなものとして立ち上げることもできなくなっている、こういう状況なのです。

この現代的状況が生まれてみれば、われわれは、やはり「戦後日本のレジーム」を疑ってみる必要があるのではないでしょうか。

今こそ「戦後の出発点」を直視せよ

ここでいう「戦後日本のレジーム」とは、改めていっておけば、まずはこうです。

個人の自由や民主主義、人間の権利、そして平和主義のもとで経済発展を国の至上の価値として掲げた、ということです。それが戦後の「公式的な」レジームです。もっと端的に「平和と民主と経済成長」といっておきましょう。

しかし、そこに実はもうひとつ、決して無視できない重要なファクターがありました。それは「平和憲法と日米同盟」です。この補完的な一対がもうひとつの「戦後日本のレジーム」にほかなりません。

そして、今やこの「レジーム」がうまく機能しなくなっている。それが先にあげたふたつのディレンマでした。「平和主義と日米同盟」という国の安全にかかわる基本構造が崩れてしまった。そしてまた、「公式的な普遍的価値」と「非公式の日本的な価値」の間のディレンマが、どうもこのままでやり過ごすことができなくなってしまった。

これは、必ずしも今日、いきなり始まったことではありません。当初から存在したことでした。しかし、戦後日本は、八〇年代までは、一方には冷戦体制があり、他方で、もっぱら経済成長を追求できるという、それこそ「状況」のおかげで、このディレンマを意識する必要はなかった。冷戦体制という「状況」がそれを許してくれたのです。もっと正確にいえば、冷戦体制のもとで、アメリカにつくことによって、この「状況」が可能となったのです。

しかし、もうそういうわけにはいきません。目を瞑ってごまかし続けるわけにもいかないのです。

ただし、このディレンマをいっきに突破する名案などというものは存在しません。残念ながら、答えはないのです。

とはいえ、何がこのディレンマをもたらしたのか。そのことを認識することはきわめて大事なことでしょう。どこに問題があるのか、それを知ることを避けるわけにはいかないのです。そのためには、そもそもの「戦後」の出発点にもう一度、立ち戻ってみる必要がある。

ところで「戦後の出発点」とは何なのでしょうか。そこで何があったのでしょうか。それを次に見てみましょう。

第3章

「あの戦争」とは何だったのか

「戦後」はいつから始まったのか

二〇一五年は、戦後七十年ということになるのですが、果たして本当にそうなのでしょうか。

私は大学の講義で、新学期が始まってまもなく、四月二十八日が何の日かを何度か学生にたずねてみましたが、知っている学生はほとんどいません。

いや、その前に五月三日といっても、ピンとくる人も少ないのです。四月二十九日となればほとんど全滅です。

もちろん五月三日は憲法記念日です。四月二十九日は昭和の日、つまり昭和天皇の誕生日です。では四月二十八日は何でしょうか。

サンフランシスコ講和条約が発効した日です。

サンフランシスコ講和条約によって日本は正式に戦争が終わった。戦争終結が国際法的な意味で合意されているのです。もっとも、これは英米やオランダなどの西洋諸国が中心で、中国やソ連とは締結されていません。

中国は共産党の中華人民共和国と台湾に分裂していたためもあり、また中国の参加について英米間で対立したため、招聘されず、ソ連は条約に署名しませんでした。韓国は日本に占領統治されていたために交戦国ではなく、講和の対象にはなりませんでした。

いわゆる全面講和ではなく、アメリカを中心とする西洋諸国との講和なのですが、この講和条約によって、日本は、正式に戦争を終結し国際社会に復帰したのです。

ですから、厳密にいえば、「戦後」が始まったのは一九五二年の四月二十八日なのです。そこから戦後が始まっている。

それでは、その前はいったい何かというと、いうまでもなくそれ以前、日本はＧＨＱの占領下に置かれていた。一九四五年の八月十五日からといってもよいのですが、これも正式には九月二日に降伏の調印が行われますから、この時点で日本は正式に降伏するわけです。そして占領下に置かれる。ですから、一九四五年九月二日から一九五二年四月二十八日までは、日本は占領されていたわけです。

ついでにいえば、一九四五年の八月十五日が、閣議決定で正式に終戦の日となるのは、一九六三年、池田内閣のときの「全国戦没者追悼式実施要綱」によってであり、いわゆる終戦記念日の正式名称である「戦没者を追悼し平和を祈念する日」が正式に決定されたのは、実は一九八二年、鈴木善幸《ぜんこう》内閣においてでした。

さらに、一九四五年当時、アメリカのトルーマンも、ソ連のスターリンも、九月二日に戦勝を祝う演説を行いました。アメリカでは戦勝記念日は九月二日であり、ソ連と中国ではどういうわけか九月三日になっていました（現在のロシアでは九月二日です）。

さて、サンフランシスコ講和条約では、まず「日本国と各連合国との間の戦争状態は（中略）この条約が日本国と当該連合国との間に効力を生ずる日に終了する」と書かれており、さらに「連合国は、日本国およびその領水に対する日本国民の完全な主権を承認する」となっている。

「日本国民の完全な主権（full sovereignty of the Japanese people）」という言葉は、少しわかりづらいでしょう。

一応の表面的な文脈からすると、日本のすべての領土・領海についての「完全な主権（full sovereignty）」を認める、といったふうに読めます。つまり、日本に置かれていた占領軍を引き上げ、占領を解除してすべての領土を日本の主権のもとに置く、という意味がまずあるでしょう。

もっとも、沖縄は返還されませんでしたし、その後も米軍基地は国内に置かれますから、本当はその意味でも「完全な主権」ではありませんが。

しかし、さらにいえば、その前には、日本国民は、日本の領土についての主権を（完全には）保持していなかった、ということです。「完全な主権」と「不完全な主権」の区別があるとも思えませんが、おそらくここで“full sovereignty”といういささか奇妙な用語を使用したのは、占領政策において、日本国内の「諸地点」がＧＨＱによって占拠され、軍隊が駐留していた、という意味をにじませたかったからでしょう。この点はまた後にも述べます。

しかし、いずれにせよ、自国の領土に対して主権的な権力や権利を十全に（完全に）作動できない国家を本当の意味での主権国家とはいえません。

いくぶん不明瞭な言い方になっていますが、いずれにしてもサンフランシスコ講和条約でようやく主権が回復したことに間違いはない。

だからその前には日本には主権がなかったということですね。少なくとも、通常の意味での主権国家ではなかったということです。

したがって、正確にいえば、一九四五年の八月十五日に「戦後」が始まったわけではない。われわれは一九四五年の八月十五日に戦後が始まったなどと簡単にいってしまうけれども、この日には天皇による降伏宣言が出されたわけです。実際に軍隊の解散命令が出されるのは十六日です。ですから戦闘が終結するのはその日です。そして、先にも述べたように、ミズーリ号上での降伏調印は九月二日なのです。

こういうことは細かいことですが、やはり知っておくべきことでしょう。一九四五年の八月十五日を「終戦」の日とするか、九月二日をそうするかは、ここでは、特に問題にはしませんが、「戦後」がいつから始まったかは大事なことなのです。一九四五年八月十五日なのか、一九五二年四月二十八日なのかは、どちらでもよいわけではありません。そこを曖昧にすると、「戦後」と「占領」の関係がよく見えてこないのです。

日本の場合、正式に戦争が終わったのは一九五二年なのです。だから一九四五年の九月二日から一九五二年の四月二十八日まで、日本は占領されている。これは決して無視できることではありません。

事実の隠蔽によるごまかしの「戦後意識」

戦後七十年とわれわれはいいますが、それはいわば通称とでもいうべきものです。このことは大事なことで、戦後の基礎を作ったのは、一九四五年から五二年までのこの占領期間だった。占領期間という、いわば「戦後」の準備期間があり、あるいは、一種の猶予期間があり、そこで「戦後」が作り出された。

サンフランシスコ講和条約において「戦後」が始まったとするならば、一九四五年の八月十五日は何だったのか。それは、日本の「敗戦」が決定した日です。「敗戦」の日と「戦後」は決して一致しないのです。その間に広がるのは「占領」という特異な時間なのです。

だから、いってみれば、「敗戦」が、この期間をへて「戦後」へと作り変えられてゆくのです。そして一九五二年にそれを国際的に承認された。文字通り日本は国際社会に復帰し、戦後がスタートする。その意味でいえば、一九四五年八月十五日は「敗戦の日」であり、一九五二年四月二十八日が「終戦の日」というべきなのです。

しかしそれを簡略化して、戦後は一九四五年八月十五日に始まるとしてしまうと、戦後の基礎を作ったのがGHQであったという根本的な事実が見えなくなってしまうのです。

まさにこんなところに、日本人の通常の「戦後」意識が現れていて、GHQが作った「仮の戦後」とその後の「本当の戦後」がまったくひと続きになってしまっている。

これをひと続きにする心理的なトリックは、GHQを、「占領軍」ではなく「解放軍」だと了解することでした。GHQは、軍国主義的支配から日本国民を解放した解放軍だったということです。

これがわれわれの大多数が持っている通常の「戦後意識」なのです。天皇が終戦の詔勅を出して戦闘が終わった。このときに、軍国主義から民主主義に変わった。ここに「戦後」が始まる、ということです。

しかしそういってしまうと、GHQによって武装解除され、民主化がなされたといった事実が隠蔽されてしまう。

あたかも、「われわれが」自ら軍国主義を排除して、民主主義を打ち立てたかのように見えてしまう。実は、すべてはGHQが、もっといえば「アメリカ」が演出しているにもかかわらず。

「戦後」というドラマの主演役者は日本でも、演出を行ったのはアメリカだったのです。

それを、一九四五年八月十五日を「終戦の日」として、そこから「戦後」が始まったとしてしまうと、あたかもわれわれ自身が、この日を契機に戦争を反省し、懺悔し、民主主義へと向かったかのように見えてしまう。

たとえば、戦後の代表的な政治思想家であった丸山眞男は、常々、この八月十五日こそが「戦後民主主義」の原点であり、そこへ立ち戻るべきことを訴えていました。「復初の説」です。

また、憲法学者の宮沢俊義は、有名な「八月十五日革命説」を唱えて、この八月十五日に、軍国主義から民主主義への体制転換をはかる「市民革命」が生じたと見なすべき、と述べたのでした。

こうして、「戦後」の出発点にわれわれはひとつの欺瞞を抱え込んだわけです。端的にいえば、アメリカによって日本の戦後は作られた、という事実を隠蔽した。それは、アメリカの占領政策や改革の良し悪しという次元のことではありません。それ以前の問題です。「戦後」を生んだのはアメリカだ、ということです。

八月十五日はなぜ「終戦」記念日か

しかもそこにはもうひとつの「欺瞞」があった。

それは、八月十五日は「終戦」ではなく「敗戦」の日なのです。もともと「終戦記念日」などというものはなかった。実際にあったのは、ポツダム宣言を受諾して、日本は敗戦を認めた、ということだったのです。しいていえば「敗戦記念日」ということになるのでしょうが、確かに敗戦の「記念日」というのはいかにもおかしなものです。

これも、アメリカから見れば、日本は敗戦国以外の何ものでもない。ポツダム宣言を受諾させ、戦争を終わらせたのはあくまでアメリカなのです。日本はポツダム宣言を受諾せざるを得なくなり、戦争を終わらせられたのです。アメリカのみならず、世界の見方はこういうものでしょう。

ところが、日本の国内では、天皇が「堪え難きを堪え、忍び難きを忍び、もって万世のために太平をひらかんと欲す」として、自らの決断によってポツダム宣言を受け入れた、ということになる。

太平のために、日本が戦争の終結を決定した。自らの決断で戦争を終結させたということになっている。これ以上の犠牲を避けるために、天皇が戦争を終わらせたのです。したがって、「敗戦」ではなく「終戦」といって何の不都合もない。もちろん、アメリカからすれば、戦争を終わらせたのはアメリカです。ふたつの原爆なのです。

しかし、日本からすれば、敗戦という意識はさしてない。むしろ、これ以上の犠牲と悲惨を避けるために戦争を「終結」させた。その意味では確かに「終戦の記念日」にもなり得るのかもしれません。

このことは大事なことです。とりわけ日本の戦後を理解する上できわめて重要な点です。アメリカから見れば、日本はすべてを失って呆然とたたずんでいる敗戦国なのです。ですから占領されるのは当然で、アメリカが戦後処理を行うのは当然だ、ということになるでしょう。

ところが日本の内部にあっては、日本は自らの意志によって戦争を終結させ、「戦後」を立ち上げた、ということになっている。「外」にいるアメリカは見えていないのです。

しかも「敗戦」という言葉を避けることで、重要な一点が不問に付されてしまいました。それはこういうことです。「敗戦」とは何か、ということです。

「戦争に負けた」。一応、そういうことはできる。しかし、本当のところいったい「何に負けた」のでしょうか。

日本の「道義的敗戦」という意識

こんなことをいうと、いささか奇妙に響くかもしれません。しかし考えてみれば、「敗戦」といったとき、それはいったい、何を意味しているのでしょう。

ひとつの考えは、きわめてシンプルなもので、要するに、軍事力でアメリカに負けた、というものです。戦争は基本的に力の対決ですから、勝者は力で勝《まさ》り、敗者は力で劣った、というだけのことです。敗戦とは特にそれ以上の意味はありません。

通常の戦争の勝ち・敗けはそのぐらいの意味でしょう。しかし、今日、われわれが（あえて）日本は「敗戦国だ」といったとき、もう少し強い意味合いが込められています。それは、日本は道義的に誤った戦争を起こし、その結果、敗れた、という意識です。ただ軍事力で劣っただけではなく、「誤った戦争に敗北した」という意識なのです。

このふたつは同じ「敗戦」でもかなり違っています。

ひとつは、「軍事的な敗戦」であり、もうひとつはいわば「道義的な敗戦」です。前者は、力における敗北ですが、後者は、そもそもの戦争についての意味付けの上での敗北なのです。前者は軍事力と戦略における敗北なのですが、後者は、国民の価値観や意識まで含んだ「国」というものの全面的な敗北なのです。

つまり、その「国」のあり方が誤りだった、ということを意味している。「敗戦」の意味をどちらで理解するかによって、占領の意味も「戦後」の意味も大きく異なってくるのです。

もしも前者の「軍事的敗戦」だと、占領政策も勝者の「力による支配」という意味合いが強くなります。勝者が敗者の軍事力の復活や復讐心を警戒して、敗者を「力で従属させる」ということになる。

しかし後者の「道義的敗戦」だとすると、占領政策は勝者の敗者に対する「力の行使」というよりも、道徳的な正義による「不正への懲罰」という意味合いが濃くなるでしょう。

これは、占領政策の意味をまったく変えるだけではなく、「戦後」の初発の理解をも大きく変えるのです。

前者に立てば、「戦後」は占領政策の終了とともに始まる。一九五二年から始まる。「占領」も力による対決の変形にすぎないからです。

ところが後者に立てば、「戦後」は一九四五年の八月十五日に始まる。アメリカが派遣した軍隊は占領軍ではなく解放軍であり、GHQは支配者ではなく教導者だ、ということになるでしょう。確かに、マッカーサーが述べたように、大人が十二歳の「不良少年」を更正させるという意味になってくる。

終戦という言葉が意味するもの

一九四五年の八月十五日の時点では、どうだったのでしょう。おそらく、大半の日本人は、日本は軍事力でアメリカに負けた、と思っていたのではないでしょうか。アメリカの圧倒的な軍事力に打ちのめされ、一矢《いっし》報いることなく敗北した。このことに対する悔しさが支配していたのではないでしょうか。

もちろん人によっては、天皇陛下に申し訳ない、という気持ちもあったでしょう。異国に散っていった死者たちに申し訳ない、という慙愧《ざんき》の念も支配したでしょう。いずれにせよ、ここにあるのは、まずは第一に、軍事力における敗北なのです。

八月十五日に終戦の詔勅《しょうちょく》が出され、多くの者は、戦争が終わってホッとした。さらには、あの無意味で残酷な戦争が終わり喜んだ、ともいわれる。

それはそうでしょう。しかし、そのことは、あの戦争が、英米との力の対決だったという理解と何ら矛盾しません。

そもそも勝てるはずのない相手とさしたる必然もなく始めた無謀な戦争だ、という意識は多くの者が持っていたでしょう。あの圧倒的な力を持ったアメリカ相手に戦ったのか、バカげた戦争をやったものだ、と考えたとしてもまったく不思議ではない。しかしそれもまた、軍事力の敗北ということなのです。

それがいつのまにか、「道義的な敗戦」へと変わってゆきます。日本は世界を相手に侵略戦争という誤った戦争をした。さらには、誤った戦争をしたからこの戦争に敗れたのだ、という了解が出てくる。そしてそれを引き起こしたものは、戦前の日本の独特の社会構造や価値観にあった、ということになる。

こうなると、「敗戦」が当然のこととなってくる。道徳的な愚行に出たから負けたのだ、ということになる。それどころか、むしろ「敗戦」によって日本は救われた、ということになってくる。「敗戦をかみしめる」どころか「敗戦を抱きしめる」ということになる。普通の意味での「軍事的敗戦」が「道義的敗戦」に変わってゆくのです。

そして、実はそれこそ、アメリカの占領政策の目的だったのです。日本は「道義的に敗北した」という価値観を徹底して日本に植えつける、ということ。ここにアメリカの占領政策のひとつの大きな意味があったのです。

注意しておいていただきたいのですが、私はここでもっぱらアメリカとの関係を問題にしています。対米戦争、そしてアメリカの占領からサンフランシスコ講和条約へという動きを問題にしているのです。

ですから、ここで「敗戦」というのも、対米戦争のことです。中国やほかのアジア諸国との戦争を直接には論じていません。これはこの話の主題外のことです。本書の主題はあくまで日米関係にあるのです。

そして、アジア諸国との戦争だけではなく、アメリカとの戦争も、日本の侵略行為による道義的に間違った戦争である、としたのがアメリカの占領政策だったのです。

しかし、本当にそうなのでしょうか。それでわれわれは納得できるのでしょうか。少なくとも、当時の大多数の日本人はそうは考えていなかった。

当時の日本人にとっては、対米英戦争は、まずは自存自衛のための戦いであり、さらにはアジアの解放の戦いと考えられていた。それが適切な理解だったかどうかはまた別です。今日、われわれは、自存自衛などといってどうして中国の内奥まで行ったのか、あれは中国に対する侵略以外の何ものでもないではないか、という。

あるいは、東亜協同体やアジア解放など、とんでもない。ただ植民地支配を意図しただけではないか。それはでたらめなイデオロギーだ、といいます。それはみな侵略を糊塗《こと》するための口実だ、といいます。

そのことを私は否定はしませんが、また簡単にそうはいいたくないのです。それほど単純に侵略戦争の一語で片付けられるような戦争ではなかった。

しかもすでに戦争が終わって何十年もたって、それを歴史の外から傍観してあまりに簡単に断罪すべきではないでしょう。まずは、当時の多くの人々がどのような意識を持っていたのか。その一点こそが重要なのではないでしょうか。

そして、当時の多くの者は、少なくとも、日本は、このままでは英米に経済的な生命線を断たれる、という自存自衛の意識が強かったのです。

天皇の終戦の詔勅に「さきに米英二国に宣戦せるゆえんもまた実に帝国の自存と東亜の安定とを庶幾するにいで……」とありますが、確かに、多数の者は、この戦争を日本の自存自衛のためであり、英米勢力の排除がアジアの安定になると考えていたのです。

だから、あの戦争も、無謀ではあるが、英米を相手にした、ともかく力の対決だったのです。それが、占領政策の中で、誤った侵略戦争以外の何ものでもなくなってゆく。「侵略戦争」の一語で片付けられてゆく。

こうした問題が、「終戦」という言葉で隠蔽されてしまいました。八月十五日を「軍事的敗戦」と捉えるのか、それとも「道義的敗戦」と捉えるのか、そのあたりが論じられることはなくなってしまったのです。

そして占領政策の中で、敗戦は「道義的敗戦」という了解が作り出され、そのことを自ら恥じて戦争を「終戦」させたという了解へといたったのです。

第4章

憲法を制定するのは誰か

日本国憲法は「憲法違反」である

さて少し話を元に戻しますが、もしも、一九四五年から五二年までが「占領」されている、ということを認めればどうなるのでしょうか。

そうすると非常にやっかいなことになる。一九四五年から五二年まで日本は事実上、主権がなかった、ということです。それが何を意味しているか。

これを認めると、この間に行われたことは少なくとも、日本国民の主権的な意思ではない、ということになる。そうすると、最大の問題は憲法ですね。主権を持たない国が憲法を作ることができるのか。こういう深刻な問題が浮かび上がってきます。これは形式上の問題ではなくて、憲法ということの本質にかかわる問題です。

というのも、憲法制定というのは主権の最大の発動です。カール・シュミットなどもいっていることですが、主権というものが姿を現す最大の状況は何かというと、憲法の制定なのです。主権を持たない国が憲法を作るということ自体がおかしい。

もちろん形式上、現在の憲法は明治憲法の改正という形にしていますから、新しい憲法を制定したわけではない。

しかし、事実上、四六年憲法は明治憲法を破棄して新しいものを作ったというに等しいですね。だからこそ、宮沢俊義は「八月十五日革命説」などという苦しい言い訳をしたのでした。また、改正にしたって、あれほどの大改正を主権を持たない国がやるということ自体が、やはり大問題です。

ということはどういうことになるかというと、原則的にいえば、今われわれが擁《いだ》いている現憲法は、無効ということになります。日本国憲法が本来の「憲法というもの」に違反しているのです。「日本国憲法は憲法違反」ということになる。現憲法は「憲法」というものの根本理念に対して違反しているということになる。

もちろん、そうはいっても、今さらあれは実は無効でした、なんていうわけにはいかない。わざわざそんなことはいいません。七十年ほど現行憲法を憲法として戴いてきたという現実まで否定はできません。

けれども、これは認識の問題なのです。原則論なのです。つまり、このことひとつをとっても、きわめて変則的な事態の中にわれわれはいる、ということであり、変則的なやり方で「戦後」という時間を始めたということなのです。

政治というものはそんなに一〇〇パーセント理詰めで動きません。戦後の占領期というあの混乱の時代に、それこそ敗戦国ができることなどたかが知れていたわけで、様々なことが政治的なものの中で動いていった。

憲法といえども政治力学の中で動いていったのです。そしてそれが現実に戦後憲法として機能してしまった。そのことを知っておかねばなりません。

原理的にいえば無効であるはずのものを、国家の根本規範として機能させるということは、高度に政治的な出来事というほかないでしょう。そして日本の憲法制定は、まさに政治的な出来事でした。もっといえば、フランス憲法もアメリカ憲法も本当をいえば高度な政治的行為として憲法を作り出しているのです。そして日本国憲法もそうです。

しかしそうだとすれば、それがどういう政治的状況の産物かは十分に理解しておく必要がある。そして、その政治的状況の妥当性を問題にすることはできるのです。それを、ただただ「憲法」と名が付いているだけで、絶対的なものとして頭上に戴くなどということはまったく理に合わないのです。

憲法公布の二重構造

今では江藤淳の研究（『一九四六年憲法――その拘束』文春文庫）などによって一般にもよ

く知られるようになりましたが、この憲法は、マッカーサーの指令を受けた民生局長ホイットニーが、三名の幕僚に起草作業を依頼し、結局、二五名のグループによって現行憲法は起草されました。

この中にいたのは四名の弁護士のほか、中国史の研究者や行政学者などで、憲法学者や日本文化についての学識を持ったものはまったくいないという有様でした。しかも作業は六日間の突貫作業だった。

こうして作られた憲法は、ホイットニーらの手によって、日本側に手渡されました。このとき、出席したのは、吉田茂外務大臣、松本烝治国務大臣、そして白洲次郎終戦連絡事務局参与の三名でした。

このとき、ホイットニーは、向かい側に座る日本側代表にまともに太陽の光が当たるように、太陽を背にして座った。そして、日本側に草案を手渡して一時戸外に出たホイットニーは「われわれは戸外に出て、原子力によって暖をとっているところです」といった、といわれています。

江藤淳が解釈するように、これは、原爆を想起させる発言であり、一種の威嚇といっても過言ではないでしょう。実際、この草案を見た吉田の顔は終始暗く、厳しかったようで、大きなショックを受けていたということです。

しかも、この威嚇的態度を示しつつ、ホイットニーは、改正案はあくまで日本側の発意から出るものとして発表するのが望ましい、といったというのです。

そして、この憲法は、明治憲法の改正として公布されるのですが、それに際して出された勅語で天皇は次のように述べています。「朕は、日本国民の総意に基づいて、新日本建設の礎が、定まるに至ったことを、深くよろこび……」というのです。

こうして、表面上は、あくまで、現行憲法は、国民の総意によって、明治憲法の改正として公布されている。そのことを、明治憲法の制定者である天皇の勅語が述べているのです。日本の国民からすれば、天皇が、この憲法は日本国民の総意による、といっているのですから、国民の憲法だ、ということになる。しかし、実際には、太陽を背にして、「われわれは原子力によって暖をとっている」というホイットニーの暗黙の威嚇がその背後にあるのです。この落差、あるいは二重構造が、米製憲法を日本の自主制作に見せるという欺瞞を可能としているのです。

しかし、この欺瞞が押し隠しているものは、ただ「アメリカの押しつけ」というだけのことではありません。これはもっと本質的なことがらを隠蔽しているのです。それが、先にも述べた、主権の問題なのです。

だから、戦後日本国憲法のもっとも根本的な問題は何かといえば、憲法の根本理念からすれば、内容がいいとか悪いとかという以前の問題なのです。アメリカ軍の押しつけであるとか、日本も同意したとか、そんな話ではなく、もっと根本的に「主権」にかかわる問題なのです。

護憲派は「主権」を見落としている

このあたりが曖昧になってしまっているために、「主権」と「憲法」の関係がよくわからなくなっている。

だから、どうも、われわれは「主権」の意識が薄いですね。「国民が主権者」といっても、どうしてもそういう意識が薄いです。

確かに「主権（sovereignty）」という言葉は中世のヨーロッパの王権を背景として、一定の領土を支配する強力な支配権力という意味でした。そこには、絶対的な権力と、独立した領域という意味が含まれ、こうした観念は日本ではそれほど明確ではなかった。

だから、日本では「主権」といってもピンとこないのも仕方ありません。誰もが、「日本は主権国家だ」という。けれどもその場合、では日本の防衛はどうなっているのか、というとどうも曖昧になってしまう。領土への意識もあまり強くない。

ましてや「国民主権」ということは、頭ではわかっていても、意識としては薄い。確かに、「主権」観念がもともと君主権を想定していますから、民主主義の「国民主権」はわかりにくいのです。「お前は主権者だ」といわれても困ります。

だから、一方で、われわれは、政治家はすべからく国民のいうことを聞かなければならない、いわば国民のサーヴァント（召使い）ででもあるかのように見なしておき、他方では、もっぱら政府が万事うまくやってくれることを期待しているのです。政府に依存して任せておきながら、うまくいかないと、政府に文句をいう。子どもが親に甘えているようなものです。

まずは、この「主権」観念は相当にやっかいなものであることを、われわれはもう少し理解しておく必要があるでしょう。

主権概念の二重性

このやっかいさは、たとえば、端的に憲法に表されている。

「憲法」の前文に「ここに主権が国民に存することを宣言し、この憲法を確定する」とあります。「主権が国民に存することを宣言し」の部分の英訳（本当は原文）はこういうふうになっています。“do proclaim that sovereign power resides with the people”要するに、憲法によって、主権が国民に存することが宣言されている。

だから、「国民主権」は「憲法」によって与えられたものとわれわれは考える。その結果、憲法改正はあたかも国民主権に対する侵害のような気分になってしまう。

しかし、それに続いて「この憲法を確定する（and do firmly establish this Constitution）」となっています。この文章は、先ほどの主権在民をうたった文章の続きですから、先の「宣言する」主体と「確定する」主体は同じなのです。

ではその、憲法を「確定」する主体は誰かというと、この文章の主語は、かなりわかりにくいのですが、冒頭に出てくる「日本国民（We, the Japanese people）」なのです（実際、これは相当にわかりにくい文章です。悪文という以外の何ものでもないでしょう。英文のほうもかなりわかりづらいものです）。

つまり、この憲法を制定するものは、日本国民であり、当然、それが主権者なのです。だから、ここの構造は、こういうことになっている。

「『われわれ日本国民は、主権が国民に存することを宣言し、この憲法をわれわれが確定する』ということが憲法に書かれている」ということになる。

したがって、確かに、ここで主権概念が二重になっています。いわゆる「国民主権」が憲法によって保障され、また、その憲法を制定するものは国民だ、としているのです。憲法によって「制定された主権」と憲法を「制定する主権」です。

これは、民主的な近代憲法がどうしてもはらむ困難であり、主権概念の二重性なのです。「国民主権」は憲法によって保障され、ではその憲法を作ったものは誰かというと、これも「国民」という「主権者」になる。

この循環構造は、仕方のないことで、それは日本国憲法でもどの憲法でも同じことです。しかし、フランスやアメリカで、この循環構造を循環構造と感じさせないものは何かというと、まさに、「主権者」が王権なり宗主国なりのもともとの「主権」と争って、その「主権」を剝奪し、奪い取ったという歴史的状況が存在したからです。

あくまで、「主体」は、こちら側にある。憲法を制定するという行為そのものが、奪い取った権力を新たに「主権」として確定する行為だったのです。だから、憲法を作るという行為そのものがまずは根本的な主権の発動にほかならない。

ところが、日本には、フランスのような「革命」もなく、アメリカのような「独立」もない。実際に日本にあったのは「占領」なのです。このような国が近代憲法を持つことは、決して容易な話ではないのです。

これはどちらがよいか、という話ではありません。ただ歴史の違いです。しかし、この歴史の違いを認識しておくことはきわめて重要です。

日本人の主権意識が希薄なわけ

それを近代憲法は、すべてどこでも同じで普遍的である、として、あたかも「革命」が起きたかのように理解する、というのではやはりうまくいきません。「革命」を起こして、王権、つまり既存の「主権」を破棄し、それを奪い取り、その上で、自らの「主権」の正当性を宣言する、というような激しい、ドラマティックな闘争は、戦後憲法にはいっさいないのです。ただただ、気がついてみたら、上から下りてきているのです。

だから、「人々（people）」に当事者意識も主体意識もないのは当然のことでしょう。主権者の自覚を持て、といっても無理でしょう。結局、「主権」は憲法によって与えられている、ということになってしまう。

しかし、その憲法を作ったものは誰かというと、近代憲法の理念においては「われわれ」のはずなのです。この場合、あくまで「はず」だ、というところが、日本国憲法の根本的な問題なのです。

もう一度、繰り返しておきましょう。

先に、この憲法前文の冒頭の部分を引用しました。その構造は、一種の入れ子構造になっているのです。

「『われわれは、国民主権を宣言して、この憲法を制定する』と憲法に書かれている」のです。つまり、「われわれが、憲法を制定する」ということを憲法の内容として書き込む、本当の憲法制定者がもう一段上位にいる、ということです。

先にもいいましたように、これはどうしても近代憲法に付随した矛盾の構造で、王権から主権を奪った「われわれ」が、主権者であることを憲法制定で示そうとしたから、という事情に由来する。

しかし、日本の場合、このような王権からの権力奪取という革命をへていない。では、戦前の日本の権力構造をひっくり返したものは何かというと、それは占領軍なのです。だから、GHQがこの当時の主権者というほかない。

したがって、この憲法の外にあって、憲法を本当に制定した上位者がある。それはGHQだ、ということになるほかありません。しかし、それは隠蔽されているのです。それを隠蔽するために、「われわれ、日本国民は、ここに憲法を制定する」と、わざわざ憲法に書き込んでいる、ということになるでしょう。

だから、憲法だけを読むと、主権者は日本国民であり、日本国民が憲法を制定した、ということになっている。しかし、その憲法制定という行為自体まで含めて歴史的に見ると、憲法の外に憲法を制定したものがいる。そちらが、根本的な主権者であって、それはGHQ、ということになるのです。

しかし、そのGHQの主権は見えない。日本の中からは見えない。だけれども、たとえばアメリカからすれば、真の憲法制定者、つまり隠れた主権者はGHQであり、国民主権は、アメリカからの日本への贈り物もしくは体のよい拘束、というように見えるでしょう。

こういう経緯があるために、どうしても、国民主権は憲法によって与えられた、という意識が支配してしまいます。その憲法が、本来は「われわれ」のためにあり、われわれの手で作られている、という意識が持てないのです。

そもそも憲法を制定したのは誰なのか

にもかかわらず、今日ではほとんどの人は、この憲法は、「われわれ」が作ったと見なしている。特に、いわゆる護憲派の人たちはそういっている。

ということはどうなるか。われわれがこの憲法を作ったといっている。そうだとすれば、この憲法を変えるのもまたわれわれの意志です。都合が悪くなれば変えればよい。

もちろん、いくら主権といっても自由自在に変更できるわけではありませんが、それこそ合意された（憲法に記載された）ルールに従って変更することは何ら問題ではない。それこそは主権者の判断なのです。

しかし、この当たり前のこともなかなか理解されていないのです。護憲派の人たちは、憲法は憲法であるがゆえに基本的に変更すべきではない、と考えている。

それは、憲法を作り出したものが「国民」という主権者である、という実感がないからでしょう。「主権」という概念そのものが憲法によって与えられている、と見なしているからでしょう。

確かに、憲法は、主権の暴走を食い止めるものでもあります。主権の暴走から国民の権利を保護するところに近代憲法の意義がある、とはよくいわれることで、それはそれで正しい。確かに憲法によって主権が縛られている。

しかしそれ以前に、その憲法を制定したものは、その「主権」なのです。こちらが根本なのです。

ところがその意識が弱い。奇妙なことに、「この憲法は日本国民が作ったものだ、決して押しつけではない」といっている護憲派の人たちのほうが、憲法に縛られていて、「主権者」としての国民を認めていない。つまり、「見えない主権者」であるＧＨＱに見事に取り込まれているのです。

別に護憲派に限りません。たいていの人が、憲法は「与えられたもの」であり、その憲法によって、国民に主権が与えられているかのように思っている。だから本当のところ、「国民主権」という概念を信じていないのです。

憲法九条は主権の制限

「主権」という感覚の弱さは次のようなところにも現れています。それは例の九条です。念のためにその第一項を書いておきましょう。

「日本国民は、正義と秩序を基調とする国際平和を誠実に希求し、国権の発動たる戦争と、武力による威嚇又は武力の行使は、国際紛争を解決する手段としては、永久にこれを放棄する」

有名なくだりですが、結構、わかりにくい文章です。問題は、「国権の発動たる戦争と……永久にこれを放棄する」という部分です。英文ではこうなっています。

「the Japanese people forever renounce war as sovereign right of the nation……」

これを普通に訳せば次のようになるでしょう。

「日本国民は、国民の主権的権利としての戦争を永久に放棄する」

つまり、英文をそのまま理解すれば、日本国民は、「主権」の一部を自ら放棄するとしているのです。ところがまた、日本国民に主権が存する（sovereign power resides with people）とされている。しかし、一部であれ、主権を放棄したものを真の意味で主権者と呼べるのでしょうか。

これも奇妙な話だと思います。少なくとも、こうした矛盾について、われわれはもう少し敏感になるべきでしょう。

実際、アメリカ側は、当然ながら、これが主権の一部放棄であることをよく知っていたわけで、もともとのホイットニーらによる憲法草案では、戦争放棄条項は、第八条として、次のようになっていたのです。

「国家主権の発動としての戦争は廃止される。他国との紛争解決の手段としての武力による威嚇または武力行使は、永久に放棄する。陸、海、空軍その他の戦力を維持することは許されず、国家の交戦権が認められることもない」

非常に強い言い方です。ほとんど命令口調といってよいほどです（実際、アメリカが命じているのです）。そして、現憲法の元の英文にある"renounce war as sovereign right of the nation"の部分は、正確に「国家主権の発動としての戦争は放棄される」になっています。「国家主権」の一部を放棄する、といっているのです。

実際、この草案を承認したマッカーサーは、「日本は本来、その主権に固有の諸権利を放棄した」と述べているのです。

ところが、現憲法では、繰り返しますが、そこは「国権の発動……」となる。ここでは「国家主権の発動」というより、「国家の強力な権力の発動」といったニュアンスにしているのです。

しかも、民生局の草案を現憲法と比較すれば、明らかに、現憲法は、表現を穏やかにし、いかにも理想主義を掲げる、といったふうに作り変えている。「日本国民は、正義と秩序を基調とする国際平和を誠実に希求し」というくだりを加えることで、いかにも理想の希求といった感じに聞こえるのです。

ここにも、アメリカ側の意図と日本の間に、ある意味では意図的な落差を作り出しているように見えるのです。

アメリカの意図はきわめて明快で、ともかくも、日本から軍事的な脅威を取り去ることこそが決定的に重要だった。彼らにとっては、別に「正義と秩序を基調とする国際平和を誠実に希求する」ことが問題だったわけではないでしょう。日本から軍国主義の脅威を取り去り、日本を非軍事化することこそが彼らの意図であった。

ところが、昭和二十五年(一九五〇年)に朝鮮戦争が勃発すると、翌年の年頭のメッセージにおいてマッカーサーは次のようなことをいうのです。

確かに日本国憲法の戦争放棄は、近代社会の最高の理想のひとつである。しかしながら、仮に国際社会の無法状態が平和を脅かし、人々の生命を危険にさらすなら、この理想は、しごく当然の自己保存の法則に道を譲らざるを得ないだろう。そして、国連の原則の枠内で、(邪悪な)力を撃退するために、他の自由諸国とともに力を結集することが日本の責務になるだろう、というのです。

何やら、今日の安倍首相の「積極的平和主義」を先取りしたような言い方です。

しかし、考えてみれば、これは当然のことで、現憲法の前文にもあるように、日本は「平和を愛する諸国民の公正と信義に信頼して、われらの安全と生存を保持しようと決意した」からなのです。

ついでに、この部分の英文を掲げておきましょう。

“we have determined to preserve our security and existence, trusting in the justice and faith of the peace-loving peoples of the world”

英文のほうがより明快です。世界の“peace-loving peoples”を信頼（trust）して、というのです。つまり、世界の諸国民が平和愛好的で公正で信頼にたる、という前提で、武力を放棄した、といっているのです。

ですから、もしも、世界がきわめて不安定で、上記の条件が満たされないならば、別の形で、われわれの生存を確保しなければならない、ということにもなるでしょう。このときには、本来の「主権」の発動を認めるほかないでしょう。マッカーサーはそういっているのです。

しかし、どうも、憲法改正論も擁護論もどちらも、ここで、武力放棄の条項が「主権」とどのような関係にあるのか、といったことにはほとんど無頓着に見えます。とりわけ護憲派が無頓着なのは、主権も平和主義もどちらも「憲法」によって与えられているからだ、と見なしているからでしょう。そして、繰り返しますが、その憲法そのものも、国民が作ったものというより、天から与えられたものだとでも思っているからです。

「解釈変更は立憲主義の破壊」というウソ

こうした護憲派の認識が反映されたのが、二〇一四年に安倍内閣が行った集団的自衛権に関する憲法の解釈変更への反対論です。本論から少し逸脱しますが、この点について多少、論じておきましょう。

集団的自衛権をめぐる反対論にも様々ありますが、「日本が外国の戦争に巻き込まれる」とか「若者を戦場へ送るな」式のナイーブな情緒主義ではさすがに説得力を持ちません。というわけで、護憲派が担ぎ出したのは「政府による憲法解釈の変更が立憲主義に抵触する」なる理屈でした。

もっとズルイのは「解釈変更するなら堂々と憲法改正すべきだ」というサヨクの諸氏で

す。それ自体は、正当な主張でしょう。けれども、改憲派がいうならわかりますが、これまで憲法改正を阻《はば》んできた者がしたり顔で述べるのはあまりにみっともない。

しかし、この「憲法解釈の変更は立憲主義の破壊だ」もかなりズルイのです。一見、もっともに見えるのですが、この主張がまったくの暴論であることは論じるまでもないでしょう。

憲法はその国の基本的原理を書いたものであって、現実への適用において解釈の余地が出てくるのは当然です。だからこそ「憲法解釈」という作業が要請される。

一方、現実は常に変化してゆくから、憲法の運用を現実に即して解釈変更することは何ら憲法逸脱にはならないはずです。まして、自衛権の行使について現行憲法は必ずしも明確に規定してはおらず、その解釈が常に論じられてきたという歴史的背景を見れば、解釈変更自体は何ら問題ではないのです。

もしも、この解釈変更による政府の行為が憲法に抵触するというなら、今後整備される関連法についてその合憲性を司法が判断すればよいのです。それこそが立憲主義というものでしょう。

それはそうとして、もっと重要なことがあります。そもそも立憲主義とは何なのであるうか。われわれは立憲主義なるものを理解しているのだろうか、という問題です。

護憲派は立憲主義をあたかも憲法至上主義と理解しています。つまり、「立憲主義(constitutionalism)」と「法の支配(rule of law)」を同一視しているのです。しかもその上で、「立憲主義」とは、近代憲法の原理である基本的人権保障の普遍性を守るものだという。それは破ることのできない普遍原理だ、だから憲法を超えるものはない、というわけです。

しかし同時にまた、近代憲法は国民主権をうたい、「主権」とは最高権力であって、その意味では主権を超えるものはありません。主権の発動は議会(国会)においてなされ、議会によって内閣が構成されるなら、内閣は主権の代理的な発動機関になる。

もちろん、内閣も暴走し得るので、それを憲法によって抑制するという考えはあり、それが「憲法とは権力を抑制するものだ」という近代憲法の思想とされます。

しかし、このことは実は大きな矛盾をはらんでいる。そのことにわれわれはあまりに無頓着なのではないでしょうか。

というのは、「では、そもそも憲法は誰が作ったのか」というと、それは「主権者」です。ここで先ほど述べた、「憲法制定者は誰なのか」という問題にぶつかるのです。

そして、既述のように、憲法を作ったものが本当の意味での「主権者」なのです。ならば、国民主権ということは、国民がその憲法を作ったということである。そして、主権者の最大の仕事は、その国の秩序維持であり、国民の生命・財産の安全確保にある。

とすれば、主権者は、国民の生命・財産を守るために場合によっては、憲法秩序を超えることができる。むろん、そのために、憲法改正や解釈の手直しをはかるのは当然でしょう。それこそが主権の発動なのです。

だから、知識人だけではなく、立法府に属する国会議員までが、解釈変更は立憲主義に反するなどというのは、ほとんど立法府の議員の自覚に欠けるということになるでしょう。

どうして、こういう始末になったのでしょうか。そこでまた、先ほどの問題に戻ってきます。

それは、戦後憲法を「われわれ」の手で作ったのではないからです。一九四六年に日本には「主権」はなかった。事実上の主権者はＧＨＱであり、国民は、その主権を米製憲法によって与えられたからです。

だから、護憲派とは、与えられた米製憲法を至上のものとする人たちで、戦後、護憲派が支配したのは、確かに、国民（われわれ）が憲法を作ったわけではなかったからなのです。

憲法は「上」（GHQ）から与えられたものだから変更できないと彼らはいうわけです。

憲法（constitution）とはまた「国体」でもあります。国を「組み立てる（constitute）」ことだからです。

どう組み立てるのかというと、その国の歴史的に形成された様々な慣習的ルールを憲法（国体）の基礎に置くのが「法の支配（rule of law）」です。

ここでは本当の主権者は慣習的ルールとしての「法」（歴史的な法）なのです。国民は自ら、その国の歴史的成り立ちとルールを自覚し、それに従うというのが、真の意味での立憲主義です。これがまた「法の支配」の意味でしょう。その意味では、戦後憲法そのものが立憲主義になっていないといわざるを得ません。

知らず知らずアメリカを代弁してしまった左翼陣営

さて、もう一度、戦後憲法の平和主義と「主権」の関係に戻りましょう。

こうした、主権と平和憲法の関係への無頓着が見過ごされてきた結果、どう見ても奇妙な構造が現出してしまいました。

それは、日本人がこの憲法を読めば、「国権の発動たる戦争を永久に放棄する」となっている。つまり、「国家権力が行使する武力的な戦争を放棄する」というように読める。ここには、明らかに、「国家権力」は危険極まりないもので、国民の権利を踏みにじって戦争へ巻き込んでしまう、という理解があります。

ところが英文では（それをそのまま日本語に直すと）「主権的権利としての戦争の放棄」というようになっている。日本国民が自らの権利を一部放棄した、ということになっているのです。これでは、アメリカからすれば、日本は主権を一部放棄した半主権国家だ、ということになるでしょう。

日本からすれば、武力を行使するという国家の危険性を抑制し、強力な権力を放棄する理想的国家として受け取れるのですが、アメリカからすると、日本は半主権国家あるいは不完全な主権国家、つまり日本はまだ半人前の国だと見なせる、ということになるでしょう。

日本人は、戦争放棄という理想を掲げたことになっているのですが、アメリカからすれば、日本から主権の一部を奪い取った、ということなのです。

これはアメリカからすれば、実に都合のよい状態ではないでしょうか。しかも、ここに奇矯なことが生じているのです。

もともと、アメリカは、日本の政府も軍もたいへんに危険な存在だと見ていました。だからこそアメリカは、日本に「安全な」政府の設立と非軍事化を徹底しようとしたのです。

ところが、何とも便利なことに、日本のサヨク護憲派勢力が、まさしくこのアメリカの意図を見事に代弁してくれたのです。彼らは、政府（国家）は危険な権力機構であり、常に軍事的冒険主義に走りかねない、といっているのです。まさしくアメリカの対日占領方針を代弁してくれた、というわけです。

だから、アメリカからすれば、（少なくともある時期までは）護憲派ががんばってくれればそれでよい。そのままで日本は半人前国家としてアメリカに従属し続けることになるからです。しかも、日本の護憲派は、それを「理想の実現」などと気楽なことをいっている。アメリカにとっては、何ともおいしい話です。

実際、アメリカからすれば、いわゆる保守が親米的で、革新が護憲であるほど、結構なことはないでしょう。こうしておけば、日本に革命や騒乱など起きるはずもなく、アメリカと真に敵対することも考えられず、何の問題もない。

そもそも、本来、体制的秩序維持を主張する保守が、どちらかといえば改憲に傾き、反体制を唱える革新が護憲、という構造そのものがおかしいのではないでしょうか。

日本国憲法に仕掛けられた「手品」

こんな妙なねじれも生じてしまうのですが、実は、これは戦後憲法そのものの大きな構造といわねばなりません。

戦後憲法は、先にも述べたように、その前文の冒頭に、「日本国民は（We, the Japanese people)」という主語が出てきます。そして「日本国民」が「この憲法を確定する」となっている。あくまで、日本人が主体的にこの憲法を作ったことになっている。

しかし、実際にそれを作ったのはGHQだということは別にしても、既述のように、日本に「主権」はないのです。日本国民はおろか、日本そのものが主権を持っていないのです。だから、もちろん、ここで主語となっている「日本国民」を操っているのはアメリカにほかならない。しかしそれは見えないようになっているのです。アメリカは姿を隠しつつ、日本人が主体的に憲法を作っているように見せている。一種の手品を仕掛けているわけです。

同様に、九条も、日本からすれば自発的に武力放棄・戦争放棄をするという理想を実現しているように見えて、実は、それを背後で操っているのはアメリカなのです。アメリカが背後で演出し、操り人形のように日本を操っている。

アメリカの目的は日本の武装解除と軍事的無力化にあるのですが、その意図は見えない。あくまで、あの戦争の反省に立った日本の理想主義的な犠牲的行為に見えるのです。

こういうことは当時の首相の吉田茂はよくわかっていたように思われます。占領されている国が憲法を持つこと自体がおかしい、と彼は考えていた。

しかもサンフランシスコ講和条約が結ばれる前に、アメリカは日本に対して憲法改正を要求してくる。一九四六年に平和憲法を作ったものの、その後、共産党の中華人民共和国が成立し、朝鮮戦争が起き、冷戦体制に入る。極東を取り巻く情勢は決して「平和」ではなくなったからです。アメリカは、日本にむしろ再軍備を期待するのです。こうした流れの中で、アメリカは日本の憲法改正を打診してくる。

しかし吉田茂はこの要望を拒否するのです。一九五〇年にソ連と中国が友好同盟相互援助条約を締結して冷戦状況が生まれてくると、アメリカは日本の再軍備を期待し、国務省補佐官のダレスを日本に派遣し、再軍備を示唆する。

しかし、吉田はそれを承諾しません。そしてその後、マッカーサーは、自衛隊の前身である警察予備隊の創設を指示するのです。昭和二十五年（一九五〇年）の朝鮮戦争は、もはや、平和愛好的な諸国民の公正と信義に信頼することを不可能とする。そこでマッカーサーは、七五〇〇〇人の警察予備隊の創設と、八〇〇〇人の海上保安庁の増員を命じる。

本当はアメリカが望んだのは日本の再軍備でした。占領政策において、あれほど日本を非軍事化することをもくろんだあのアメリカが、です。きわめてご都合主義です。そしてもともとは再軍備にも反対していた吉田は、なし崩し的に自衛隊の創設へと向かってゆくのです。

安保という不平等条約

吉田茂の最大の野望は、できるだけ早期の講和を実現し、日本の再独立を達成することでした。

一方で、アメリカは、冷戦状況の中で日本を防波堤として、いかに共産主義と戦うかが問題だった。国務省は、早期講和を実現して、日本を自由主義陣営に引き込むという戦略を立て、国防省は占領政策の延長を期待していましたが、いずれにせよ、日本を共産主義の防波堤にするという点では一致していた。

そして、その妥協の結果、サンフランシスコ講和条約が締結されると同時に、日米安保条約が締結されるのです。

ダレスは、この交渉に際して、ともかくも、アメリカが望むだけの軍隊を望むだけの期間、自由に日本に駐留させることが目的だと考えていました。そして、吉田は、池田勇人をアメリカに派遣し、なんと、早期講和を実現できるなら、日本側から米軍の日本駐留の希望を出してもよい、というメッセージを託すのです。

こうして、サンフランシスコ講和条約と同時に日米安全保障条約が結ばれる。サンフランシスコ講和条約はサンフランシスコのオペラハウスで締結されたのですが、その後、場所を移して陸軍の第六軍司令部の将校集会所で日米安保条約が締結されます。

よく知られているように、米側は国務長官アチソンや顧問のダレスなど四名が署名したのですが、日本側は吉田茂ひとりが署名しました。吉田は、この条約がきわめて不平等なものであることをよく知っており、その責任をすべて自分ひとりで背負うつもりだったようです。

実際、日米安保条約では、「日本は防衛のため暫定措置として、米国の軍隊を国内に維持することを希望する」となっているのです。

これはあくまで「暫定措置」です。そして、この措置は、日本側から希望したものなのです。そういう体裁をとっているのです。

「日本は武装解除されているので、固有の自衛権を行使する有効な手段を持たない」という。だから、米軍の駐留を希望する、というのです。

奇妙な話といわざるを得ません。「武装解除されている」のは、アメリカの占領政策のおかげだったからです。有効な自衛権を持たないのは、アメリカの作った憲法のおかげなのです。しかし、それを棚にあげて、自衛権を行使できないために、日本のほうから米軍の駐留を希望するという、一種の粉飾をしてみせた。

明らかに、アメリカは共産主義への脅威から自由主義陣営を守るために日本への駐留を必要としていた。にもかかわらず、このアメリカの意図は背後に隠されており、日本側がアメリカの意図を忖度《そんたく》し、それを実現すべく自ら基地を希望した（ことにした）のです。

その結果、第一条で、日本は、米軍を日本国内や周辺に配備する権利をアメリカに付与し、アメリカはそれを受諾する、と書かれている。しかも、米軍は、それを日本の安全に寄与するために使用することができる、と規定されているのです。

つまり、アメリカの判断によって、米軍は、日本の安全保障のために動かすことが「できる」のです。決して「しなければならない」わけではない。判断はアメリカに委ねられており、アメリカは別に日本を守る義務を負っているわけではない。

どこからどう見ても片務的です。この片務性は、ただ相互義務の縛りの条件にかかわるものというよりも、もっと根源的な性格のものでしょう。

それは、この安保条約は、日本側が、アメリカに対して懇願し、アメリカはこの要請を一定の範囲で受け入れた、というこの条約の性格からきている。いってみれば、アメリカのほうが一段高い立場から、「場合によっては、助けてやらなくもないぞ」といっているわけです。

このような不平等で片務的な体制によって、日本の「戦後」が始まった。このことをわれわれは忘れるわけにはいきません。

後に、岸信介首相は六〇年の安保条約の改正によって、この片務性を可能な限り解消し、アメリカに日本防衛を義務付けようとしたのでした。

あまりにいびつだった「主権の回復」

しかし、この条約に示されている「アメリカン・セントリズム」は、それだけではありません。米軍は必ずしも日本の防衛目的で置かれているわけではないのです。

それはいわゆる「極東条項」で明らかでした。アメリカはこの軍隊を「極東における国際の平和と安全の維持」のために使用できるのです。いうまでもなく、これはソ連、中国、北朝鮮などの共産主義国への対抗手段でした。

アメリカとしては、日本の防衛よりも、この「極東条項」のほうが重要でしょう。極東における共産主義の脅威に対抗可能とすることこそがアメリカが求めるものでした。

しかもまた、この安保条約では、米軍を日本国内の騒乱の鎮圧に使用できる、とされているのです。これは、日本国内での共産主義者の破壊活動への対抗を想定したものです。

当時は、日本共産党はまだ武力闘争を目指していた時代です。明らかに、日本国内の過激な共産主義活動を排除しようとしたものでした。

しかし、これでは、日本の国内秩序の維持に関してもアメリカが介入できるわけで、これでは「主権」も何もありません。六〇年の安保条約改正で、岸首相はこの意味でも「主権」回復を一歩先に進めようとしていたのです。

いずれにせよ、こうして日本は「国際社会」に復帰したのです。きわめて不平等な安保条約によって米軍基地を提供することと引き換えに、日本は「主権」を回復したのです。

しかし、本当に回復したのでしょうか。

もちろん、沖縄はこのときは日本に復帰しませんから、その意味でも、この主権回復は不完全なものです。しかし、それを別としても、日本は本当に主権を回復したといえるのでしょうか。次章では、この主権の回復の意味をもう少し考えてみましょう。

第5章

「戦後レジーム」はこうして成立した

ホッブズが示した民主主義の原則

ここで改めて「主権」について見ておきましょう。

国家主権という概念は、西洋では十七世紀にホッブズが『リヴァイアサン』という本において、初めて体系的に説明したものです。主権という観念の根拠をきちんと論理的に説明しようとした。

ホッブズの考えによると、主権とは絶対的な権力なのですが、それは人々の契約によって生み出された、とされる。人々は、生命の安全を確保するために、主権者に絶対的な権力を委ねる。したがって、主権者の最大の義務は何かというと、国民の生命・財産を守ることなのです。こうして初めて人々は、安全な市民生活を送ることができるわけです。

だから君主国の場合には、君主が国民の生命や財産を守る義務がある。

では民主主義国ではどうか。国民が主権者の場合には、いったいどうなるのでしょうか。

ここでは国民が自分たちで自らの生命や財産を守らなければならないことになります。

これは具体的にいえば、国民皆兵ということです。市民武装で、自分たちの生命・財産を守るということなのですね。

こうしたことは、十七・十八世紀の共和国では当たり前のことでした。確かに、市民全員の武装がよいか、傭兵がよいか、志願兵がよいか、といった議論はありますが、それも、まずは市民武装の原則が前提になっている。

たとえばオランダは共和国として独立しますから、レンブラントなどが描いているように、市民が自警団を形成する。スイスもやはり共和国として独立しますから同じで、これは基本的に今日まで市民が武装している。アメリカは志願兵ですが、「民兵」という考えがあるために市民の武装が認められている。市民が自分たちで自分たちの生命・財産を守る。

共和国とはそういうことなのです。王国は王が守る。王が自分の軍隊を持ち、その軍隊によって国民を守る。共和国は市民が武装する。これが、ホッブズが述べた主権ということの意味ですね。

すると、アメリカに自国の防衛を委ねている日本は、主権国家にならない。国民の生命・財産を守る武装組織が日本には存在しないからです。ホッブズ的な理論では近代的な主権国家になっていない。

だから、戦後日本の最高の価値は「平和と民主」ですが、そもそも、憲法の「平和主義」と「民主主義」を整合的に両立させることは本来、無理なのです。

戦後知識人は民主主義を無条件でよいものだと思っているけれども、本当のことをいえば、民主主義というのは非常に厳しいものです。仮に戦争がこの世の中からなくならないと考えるなら、民主主義国とは主権者である市民が自らの力で国を防衛する以外にないわけですね。

憲法の「平和主義」が胡散臭いわけ

ところが、戦後日本は、民主主義と平和主義を高く掲げ、このふたつの主義を両輪にしてきました。その結果、多くの者にとっては、民主主義イコール平和主義と見なされたのです。民主主義者は平和主義者でなければならなかった。

両者とも「主義」であるからには思想的な立場の表明であり、その反対の立場もあり得るでしょう。しかし、わざわざ「反民主主義」を宣言する者などめったにいないし、「戦争主義」などを訴える者もいないので、誰もが、積極的か消極的かは別として、民主主義者であり平和主義者であるとはいえるでしょう。

にもかかわらず、戦後日本の民主主義と平和主義の組み合わせがどうも胡散臭《うさんくさ》いのは、この平和主義がもっぱら憲法九条の武力放棄を意味しているからにほかなりません。平和愛好というだけなら誰も批判もしないでしょうが、問題はその方法です。憲法九条といういささか特異な形態における平和主義という「方法」が問題なのです。

もっとも、いわゆる護憲派の平和主義者からすれば、憲法九条に示された平和主義こそが理想的理念だということになります。とすれば、その途端にまた胡散臭さが露呈してくる。それは、日米安保体制の存在です。平和主義を掲げながら米軍を駐留させ、他国との交戦になれば、米軍を頼みにするという欺瞞が出てくるのです。交戦とまではいかなくとも、少なくとも、戦争の抑止を米軍に依存していることは間違いない。

憲法を前提とすれば、こういう形にならざるを得ません。しかしそれを平和主義といって、何やら就職活動の履歴書のように、いかにも温厚、誠実、穏健を演出しても、その背後にあるものを想起すれば、欺瞞的というほかないのです。

すでに述べたように、民主主義はイコール平和主義ではありません。むしろ、このふたつを両立することは難しい。現に、戦後日本で民主主義の手本と見なされたジャン＝ジャック・ルソーは、決してそんなことはいっていません。

それどころか、統治者が国のために死ねといえば、市民はすすんで死ななければならない、と明瞭に書いている。言い方は少々どぎついが、端的にいえばそういうことになるのであって、それが西欧政治思想の根本なのです。

繰り返しになりますが、近代国家は主権によって動かされます。そして、主権者の役割は何よりまず国民の生命・財産を守ることとされる。とすれば、もし主権者が君主なら、君主は彼の国民の生命・財産を守らなければなりません。そして主権者が国民ならば、国民が自らの手によって彼ら自身の生命・財産を守らなければならない。これが道理というものでしょう。

とすれば、何度もいいますが、民主主義では国民皆兵が「原則」なのです。もちろん、具体的には様々な形があり得るにしても、しかし「理念」としてはそうなるのです。そして、現に、現代でも多くの国で徴兵制がしかれている。

いささか面倒なことを書いてきましたが、前に触れた集団的自衛権にかかわる論議においても、この種の原則論はまったく確認されていませんでした。このことに私は危惧をおぼえるのです。技術的・法的な手続き論も必要ですが、本当に重要なのは「誰が国を守るのか」という原則論にこそあるのではないでしょうか。

半主権国家の「平和で民主的な」六十年

このように、民主主義の原則は、あくまでも国民皆兵、徴兵制です。もちろん、実際に、どういう形をとるかはまた別の話になるでしょう。現実問題として軍隊は機動的でなければならないし、それなりの装備や訓練も必要となるからです。今日のようなハイテク戦になると、ますます「竹やり戦法」のような国民皆兵は現実的ではなくなる。しかし、原則は国民皆兵なのです。民主主義というものは、本当はそういうことを要求しているのです。

われわれは、ずっとそういう議論を避けてきました。気づかないふりをしてきました。それどころか、ほとんど無条件に、平和主義イコール民主主義とでも思ってきた。国民皆兵などといったとたんに、とんでもない危険思想だとしてはじき出されます。民主主義国の人々は基本的に平和に暮らしていると思っている。

どうして気楽にそう思えるかというと、実は日米安保条約によってアメリカによって国が守られてきたからです。非常に変則的なのです。日本は主権を半分放棄しているがゆえに、平和で民主的な生活を送っている。それが民主的な社会だと思っている。でもこれが本当に主権国家なのかということを考えてみる必要があるのではないでしょうか。

この問題は、日米安保条約が締結されてから六十年以上がたった現在でも手付かずのままです。安保条約が締結された八年後の一九六〇年の五月十九日には、日米安保条約の改定が行われています。より正確には、この日に新安保条約の批准がなされ、一カ月後の六月十九日に自動的に発効したのです。

「アンポハンタイ」の国民運動が本格的に盛り上がるのはこの批准がなされた後のことで、六月十五日にはピークを迎えることになる。

当時、小学生だった私なども、何やらよくわからず、学校で「アンポハンタイ」などと叫びながらデモごっこをやっていました。先生も田舎の小学生相手にいかに安保が悪いものかを説いていたものです。

だから、私などは今でも上の句が「アンポ」とくれば、下の句は自動的に「ハンタイ」と続く。四文字熟語のようなものです。こうして見ると、確かに新安保条約への反対運動はたいへんな「国民的盛り上がり」を見せていたのかもしれません。

五月十九日の批准が行われてから「アンポハンタイ」の国民運動が盛り上がったのは、岸内閣の強硬姿勢に対する反発からだといわれています。この日を境にして、「アンポハンタイ」は、安保条約への反対ではなく、民主政治の破壊に対する反対になったのです。安保条約そのものは棚にあげられて、「国民運動」なるものの大半は「民主政治を守れ」になったわけです。

岸信介首相からすれば心外なことだったでしょう。新安保条約は、サンフランシスコ条約とともに締結された旧安保条約を改定することで、日本は米軍に基地を提供する代わりに、米軍は「日本および極東」の安全確保の責務を負うという、相互の義務を明確にしたのです。より「双務的」で、多少は対等に近づいた安保改定がなぜかくも国民的反対にあわねばならないのか、確かに心外だったに違いありません。

もちろん、そうはいっても安保体制そのものがいびつな構造であることに変わりはありません。日本が平和憲法によって非軍事化されている以上、いくら「双務的」といいつつのったとしても、日本はアメリカに国土および国民を守ってもらうというしかない。主導権はアメリカがにぎっているのです。

むろん、岸はそのことをよくわかっていて、その上での安保条約の改定でした。一説によると、岸の真意は、安保改定によって国民の大きな支持を確保し、この支持を背景にしていずれは憲法改正に持ってゆきたかったのだともいわれています。

その意味では、世論の動きは官僚政治家である岸の理解するところではなかった。岸は国民感情をまったく読み違えたのです。そのおかげで、国民の関心は「民主政治の擁護」へと向かい、自民党はもはや憲法問題を封印するほかなくなったわけです。

政治の季節から経済の季節へ

岸の辞任後に登場した池田勇人首相は、カレーライスを食べながら「低姿勢」を強調し、自民党に対する国民の不信をぬぐうかのように、国民のまなざしを経済成長へと向けていきました。「所得倍増計画」です。政治の季節から経済の季節への転換でした。そして、これは自民にとっても革新派にとっても都合のよいことでした。

皮肉なことに、「アンポハンタイ」のおかげで日米安保体制はいっそう強固なものとなったのです。これは保守派には都合がよかった。そして、やはり「アンポハンタイ」のおかげで憲法改正は封印され、これは革新派には好都合でした。どちらも、「アンポハンタイ」のおかげで、深刻な政治的対立をやめ、関心を経済に注ぐことができるようになったのです。

しかし、実は、「民主政治を守れ」という戦後民主主義者の「アンポハンタイ」の国民運動によって封印されたものがあった。それはもうひとつの「アンポハンタイ」だったのです。

もうひとつの「アンポハンタイ」とは、もっと本格的な意味での安保体制反対論であり、さらにいえば、自主防衛論でした。つまり、本来の問題は日本の防衛のあり方であり、憲法問題だったはずなのです。

そして、そもそもそんな問題さえなかったかのように、六〇年代の日本人は、ひたすら働き、モノを作り、モノを買い、モノに囲まれることを生きがいにしていったのでした。

東京には高いビルがそびえ、不夜城がこうこうと明かりをともし、地方都市は東京を見習い、そして地方と東京間を少しでも速く移動できるようにしようとしたのでした。

鳩山元首相の「蛮勇」

さらに、新安保条約成立から五十年後の記念すべき二〇一〇年には、鳩山由紀夫首相の沖縄米軍基地移設問題が起きていました。しかも、このときは鳩山首相ご当人がそのつもりかどうか、わざわざ五月をこの問題の解決期限に指定したのです。

改めて振り返るまでもなく、普天間飛行場の問題はあまりに稚拙な鳩山首相の失策であり、政治的な失策というより、政治家としての資質を含めた失態といいたくなるものでした。このことについて、今さら苦言や批判を重ねる必要もないでしょう。ただあきれるほかありません。

その上で皮肉な言い方をすれば、鳩山首相はこの失策によって、実は日米安保体制に亀裂を入れたのです。そんな「蛮勇（?）」を持った首相はこれまでいなかったのです。アメリカの意向などいっさいおかまいなく、沖縄基地の県外移設を約束するなど、とてつもない「くそ度胸」といったところです。

とはいえ、実際には「蛮勇」などというものではなく、ほとんど思いつきの人気取り発言でしかなかった。日米間に亀裂を入れて、そこでどうするのか、そこには何の見通しも準備も覚悟もなかったのです。

鳩山首相はその後辞任し、自民党は政権を奪還しました。しかし、それで一件落着というわけにはいきません。普天間飛行場移設を、事実上、元の自民党とアメリカの合意に戻して、それで元に戻ったというわけにはいかないのです。

このときこそ、五十年前の「アンポハンタイ」のおかげで保守派も革新派も封印してしまったことを、われわれは改めて思い起こすべきだったのです。日本の防衛の根本的なあり方を、憲法問題まで含めて論議するというあの課題に立ち戻るべきだったのです。

戦後日本を作ったポツダム宣言

さて、もう一度、あの「敗戦」と「独立」の間に話を戻しましょう。言い換えれば「敗戦」から「終戦」へとどうして変化していったのか、ということです。

戦後日本の変則的でいびつな「構造」については、随分と話してきました。そして、こうしたいびつな構造は、占領政策の結果でした。

アメリカの占領政策の最大の目的は、戦後日本を民主化し、武装解除することでした。軍事力を日本から根絶やしにする。教育改革によって民主化をはかる、財閥解体や農地解放もやる。労働権も確立させる。全般的な民主化政策ですね。

ところで、民主化するということは、それ以前には、日本は民主主義の国ではなかったということです。では何だったか。いうまでもなく天皇主権国家と見なされていました。なにせ天皇は「エンペラー」ですから、アメリカからすれば、天皇は皇帝のような独裁者なのです。民主主義の国ではない。こういうことになる。

しかしそこに実はきわめて大事なことがありました。

そこにアメリカ特有の歴史観が反映されているのです。あの戦争は軍事的独裁国家と民主主義の間の戦いであった、という歴史観です。

戦争を起こしたのは天皇主権国家であり、それは専制的な国家だという理解です。だから日本を民主主義化することによって日本から脅威を取り去るということにもなる。

アメリカの国際政治学の「理論」では、民主主義国が自ら戦争を始めることはあり得ない、とされている。民主主義国の戦争は基本的に自国を防衛する防衛戦です。市民武装も防衛のためです。だから、日本を民主化すれば日本は安全になる、というわけでした。

こういう思想のもとに、徹底して日本を武装解除する。その証しが平和憲法だった。

それで、今述べたように、平和憲法は、日本からすれば、民主と平和を実現するという理想を掲げたものだった。しかしアメリカからすれば、それは日本が再び軍事国家になるという「危険」を全面的に取り外す装置だったのです。

結局、同じようなことは、先ほどの占領そのものについてもいえるのです。

占領は、日本からすると、軍事国家からの解放であり、近代化の推進だった。アメリカからすれば、日本を非軍事化し、あの戦争についての道徳的な誤りを教示し、安全な国家として国際社会へ送り込む「更正」期間だった。

言い換えれば、日本人からすれば、この占領期間に日本は新しい国に生まれ変わった、ということです。ところがアメリカからすれば、この期間に、日本を安全で新しい国に作り変えた、ということなのです。

ではこの占領の基本になっているのはいったい何かというと、ポツダム宣言ですね。占領政策の根拠になっているものはポツダム宣言です。だから日本の戦後を作ったのは、極端にいえばポツダム宣言なんですね。

ポツダム宣言の「無条件降伏」のからくり

おそらく誰もがポツダム宣言というものを知っていながら、これを読んだことのある人はごくわずかなのではないでしょうか。

ポツダム宣言は非常に重要なものです。なぜなら、これを受け入れることによって日本は戦争を終結させた。そしてポツダム宣言に従ってアメリカは日本を占領したわけです。だから、これは日本の戦後を考える上で決定的に重要な文書なのです。

もしも、日本の「戦後」が占領政策から始まったのだとすれば、その始点はポツダム宣言になるのです。ここにはいったい何が書かれていて、何を受け入れたのか。そのことをわれわれは当然知らなければならないのです。

こういうことを学校教育の中でほとんどやらないということは、かなり大きな問題だと思いますね。

ポツダム宣言を簡単に説明しましょう。

一三項目がありますが、一九四五年、終戦の直前、七月二十六日にこの宣言が出されています。アメリカのトルーマン大統領、イギリスのチャーチル首相、それから中国国民党の蔣介石代表、この三名の連名になっています。

実際にはチャーチルはイギリスに戻り、蔣介石は出席できる状況ではなかった。ですからこれは事実上アメリカのトルーマン大統領がひとりで作り、アメリカがひとりでやった自作自演です。

基本的にこういうことが書かれています。外務省訳を要約しつつ紹介しましょう。

「無分別なる打算によって日本帝国を滅亡の淵に陥れた我儘な軍国主義的助言者により、日本国が引続き統御せらるべきか」は、今決定されるときである。

「我儘な軍国主義的助言者」とは何とも格調の低い表現ですが、要するに、我儘で無謀で打算的な軍国主義者たちが日本を滅亡の淵に陥れようとしている。彼らを始末するかどうかは、今、日本の国民の決意にかかっているという。

連合国は、無責任な軍国主義が世界から駆逐されて、平和で安全で正義に基づいた秩序が生み出されることを主張するものである。そのためには日本国民を欺《あざむ》いて世界征服の挙に出るという過誤を犯した軍国主義的勢力を永久に排除しなければならない。

つまり、日本の軍国主義者たちは国民を欺いて「世界征服の挙」に出た、というのです。

その次にこういうことが書かれています。「新しい秩序が建設されて、日本国の戦争遂行能力がなくなるという確証が得られるまでは、連合国の指定すべき日本国領内の諸地点は占領せらるべし」と。

新しい秩序が建設され、日本の戦争遂行能力が破砕されるまでは、連合国は日本国の中の「諸地点」を占領する、というのです。日本国を占領するとは書かれていない。日本から軍事的勢力がなくなるまで、日本国の中の諸地点を占拠するという。

ポツダム宣言では、別に「日本国を占領する」とは書かれていないのです。

次にこういうことがありますね。われわれは日本人を奴隷化しようとしているのではないと。そういう意図は持っていない。ただ捕虜の虐待を含む、いっさいの戦争犯罪人に対して、厳重なる処罰を加えられなければならない。

これが東京裁判の根拠になります。だからいっさいの戦争犯罪人に対しては厳重な処罰を加えるという、こういうふうに書いています。軍国主義者は「戦争犯罪人」なのです。「犯罪人」ですから、裁判で裁かれるべきなのです。

そして最後に例の有名な、問題になる箇所があります。それは「無条件降伏」ということで、われわれは、戦後、日本はポツダム宣言によって無条件降伏を受け入れた、と了解してきました。

しかし、ポツダム宣言ではこうなっています。外務省訳を現代文にして述べてみましょう。「われらは、日本国政府が、直ちに全日本国軍隊の無条件降伏を宣言することを日本の政府に要求する」となっています。ただそれに続けて「これ以外の日本国の選択は、迅速かつ完全な壊滅をもたらすだけだ」とある。

この最後の文章は、確かに「無条件降伏」とも読めます。このポツダム宣言を受け入れるほかないのだぞ、といっているのですから。

しかし、ポツダム宣言それ自体で、国家の無条件降伏を要求しているわけではないのです。

アメリカが要求しているのは、日本国政府が直ちに全日本国軍隊の無条件降伏を宣言するということなのです。

日本国政府が軍隊の無条件降伏を宣言することを日本国政府に要求する、ということなのです。

だから無条件降伏するのは軍隊なのですね。これは英文では“unconditional surrender of all Japanese armed forces”となっている。これがポツダム宣言なんですね。

さて、このポツダム宣言全体のストーリーをまとめてみると次のようになるでしょう。

日本の軍国主義者たちが日本国民を欺いて世界の征服を企むという過ちを犯し、自由や正義に基づく世界の秩序を破壊しようとした。そこで自由な人民が立ち上がった。彼らの力によってドイツの野蛮な行為は壊滅させられた。今や日本は、自由と正義の前に敗北しつつある。日本の敗戦の後には、過誤を犯した戦争犯罪人である軍国主義者たちは厳重に処罰され、日本から軍事力が完全に除去されなければならない。日本には新しい民主的な政府が打ち立てられなければならない。そのために連合軍は日本の諸地点を占拠する。

おおよそこういうことです。

隠蔽された属国化

ポツダム宣言を受諾するか否かにあたって、日本でも無条件降伏の意味について論じられました。特に、無条件降伏が天皇制度という「国体」の護持を認めるものか否か、大論争になるのです。

そこでアメリカに問い合わせる。アメリカ側からは、八月十一日に回答があります（バーンズ回答）。そこでは、「無条件降伏」については同じことが書かれています。つまり、軍隊の無条件降伏なのです。

ところが、この回答の冒頭には次のように書かれていました。

「降伏の時より、天皇および日本政府の国家統治の権限は、……連合国最高司令官の制限の下に置かるるものとす」

これは外務省訳です。ところが、この部分は原文では次のようになっています。

"the authority of the Emperor and Japanese Government to rule the state shall be subject to the Supreme Commander of the Allied Powers"

明らかに、外務省訳は正確ではありません。天皇および日本政府の統治権はＧＨＱ最高司令官によって「制限」される、というところが、英文では"subject to"なのです。これは本来、「従属する」の意です。

ここでいえることはどういうことでしょうか。

第一にいえることは、アメリカはポツダム宣言よりも、バーンズ回答で一歩踏み込んでいる、ということです。いや、もっといえば、ここでアメリカは本音を開陳しているのです。さすがにポツダム宣言という世界に公表される宣言では、日本を占領するとはいえなかった。戦勝国が敗戦国を支配することは国際法に反するからです。いくら戦争に敗れようと、政府がある限り、近代的な主権国家の原則を破るわけにはいかないのです。

しかし、疑いなく、アメリカの本意は、日本を占領して、徹底して非軍事化を実現することだった。それが"subject to"なのです。日本の統治権は最高司令官に「従属する」のです。事実上の「主権」は最高司令官に移るのです。

たとえば、マッカーサー自身、事実上、主権はGHQに移ると考えていた。着任早々、マッカーサーは憲法問題について話し合うために副総理の近衛文麿と会談しますが、そのときにも、「端的に言って、日本の議会も日本の官吏もただ連合国の意思のもとにのみ存在し得るのである」といっています（江藤淳『一九四六年憲法――その拘束』より）。

第二に、にもかかわらず、日本の政府は、それを誤魔化しています。「制限される」として、あたかも「主権」は日本にあるものの、それはいくぶんGHQによって制限される、としているわけです。何ともなさけないことです。

もっとも、当時、日本では、ポツダム宣言の受諾と「国体護持」の間でどうにもならない対立があり、収拾がつかない状態でした。鈴木貫太郎首相は何としても戦争を終結させたかった。ところがこれは、陸軍大臣の阿南惟幾《あなみこれちか》の強い抵抗にあうのです。もっとも、阿南は、本心は戦争終結派だったようです。ただ、反対しないと陸軍を押さえられなかったのでしょう。そして最後は天皇の「御聖断」によってポツダム宣言受諾を決定するのです。

この状況を想像すれば、確かに、「従属する」では陸軍を押さえられなかったかもしれません。実際、阿南は、これでは「国体護持」が保障されない、といって反対したのでした。だから、この誤魔化しはやむを得なかったのかもしれません。そうでもしなければポツダム宣言受諾にはいたらなかったかもしれません。

しかし、やはり誤魔化しは誤魔化しです。そしてこうした誤魔化しは、実は「戦後日本」を理解する場合に、かなり重要なことなのです。

この「偽装」は、日本とアメリカの間のギャップ、つまり二重構造に基づいている。アメリカからすれば、明らかに主権はアメリカに移っている。最高司令官こそが日本の支配者だとしているのです。しかし日本からすれば、せいぜい主権は「制限」されるだけのことで、統治権の基本はあくまで日本にあるのです。

こうして、日本は体面を保ちつつ、事実上、アメリカに従属する。アメリカからすれば、日本はアメリカの属国だということになるのです。

この構造は、サンフランシスコ講和条約と日米安保条約でも同様に見られたものです。サンフランシスコ講和条約によって、日本は独立国として主権国家になった。いや、そういう体面を保つのです。

しかし実際には、安保条約でアメリカに安全保障という「主権」の重要な部分を委託することになるのです。だから、日本の国内では日本は独立国家、主権国家ということになっている。しかしアメリカからすれば、日本はアメリカの「属国」ということになる。そして、この構造こそ、「戦後日本」そのものといってよいでしょう。

「戦後レジーム」の二重構造

こういうところは、当時の混沌とした、しかも切迫した状況下で何があったのかはよくわかりません。しかしこれこそが「戦後日本の構造」というべきものなのです。

アメリカに従属しておりながら、しかし日本の国内では、何か、主体的に物事を決めているかのように装っている。アメリカからすれば日本はアメリカの属国です。しかしわれわれ日本側からすれば、あくまでわれわれのほうに主体性があるような構造になっている。

アメリカの占領政策そのものがこの種の構造を持っていた。実際、マッカーサーという人は、ほとんど外出もせず、国内どころか東京の街の視察もせず、ただ自宅とGHQ執務室を往復して、人々の前に姿を現さなかったようですが、まさにそのことがアメリカの占領政策のあり方を象徴している。

GHQは、少なくとも、「支配者」というような姿は見せなかったのです。アメリカは日本を支配下に置きながらも、主体的な決定は日本政府にあるかのように見せていたわけです。

平和憲法もそうですね。先にも述べましたが、われわれは主体性を持って「国権の発動としての戦争」を放棄し、理想としての平和主義を採用したように思っていますが、アメリカから見れば、それはあくまで日本の非軍事化を意図したものだった。

だから、この目標がいったん達成され、しかも、冷戦体制に入り、アメリカがソ連や中国と対立し始めると、途端に、手のひらを返したように、アメリカはむしろ積極的に日本の再軍備を働きかけてくるのです。

この構造、つまり、日本国内では「われわれの意志」で平和主義を唱えているつもりでも、その枠組み自体をアメリカが作り出している、という構造は、実は、サンフランシスコ講和条約以降も形を変えて続くのです。国内においては平和主義、しかし、日本の防衛の外枠は日米安保体制によってアメリカが管理してゆく。

これこそが戦後日本の基本的な「レジーム」といってよいでしょう。いくつかの面を述べてきましたが、煎じ詰めると「戦後レジーム」なるものの「正体」は、このような構造にある。前回（二〇〇六年から二〇〇七年）の安倍政権において安倍首相が「戦後レジームからの脱却」といいましたが、この日米の二重構造こそが「戦後レジーム」の基本なのです。「レジーム」とはさしあたりは「体制」といった意味なのですが、それは、ただ制度的な枠組みだけではなく、その枠組みによって規定され、また同時にその枠組みを支える、人々の価値観、ものの考え方、生活の様式までも含んだ言葉です。

そこで「戦後レジーム」にあっては、全体の大きな枠組みを決めているのはアメリカで、そのアメリカが決めた土俵の中に日本は配置されている。その枠組みの中で、自主的、主体的にやっている。いやそのつもりになっている。その際の、日本の意思決定を規定するものの考え方、価値観、それがまた、ほとんど無意識のうちにアメリカによって規定されているわけです。

日米の思惑が合致した吉田ドクトリン

もちろん、日本の政治家、とりわけ保守系の政治家はそのことをよくわかっていて、「アメリカを利用した」という見解もあります。日本は、むしろ、アメリカを利用することで戦後の安定と繁栄を築いたというのです。

その典型は、いわゆる「吉田ドクトリン」と呼ばれるもので、サンフランシスコ講和条約によって、日本は国際社会に復帰する。その際、アメリカは憲法改正、日本の再軍備を要請したものの、吉田茂首相はこれを拒否した。このときに吉田が意図したことは、平和憲法と日米安保体制を堅持し、そのもとで日本はもっぱら経済成長によって国の発展をはかる、というものでした。

せっかく米製憲法で日本は武装解除されているのだから、防衛はアメリカに委ね、日本は軽武装のもとで、もっぱら経済発展に力をそそぐ、というものです。

確かに、吉田は、意図的、確信的に、米製の平和憲法と安保体制を「利用」しようとした、ともいえるでしょう。

しかし、それでも第一に、それはあくまでアメリカが特段にそのことに不都合を感じなかったからです。現に、先に見たごとく、一九五二年に成立した日米安保条約は、きわめて片務的でアメリカに都合のよいものでした。

当時、アメリカでは早期に講和条約を締結して日本の占領政策を終了すべし、とする国務省と、できるだけ長期にわたって日本を占領状態に置きたい国防省が対立していました。そこで、この、サンフランシスコ講和条約プラス安保条約、という構造は、アメリカにとっても両者を妥協させる都合のよい体制だったのです。

安保条約によって継続的に基地を使用できる、という状況は事実上の占領政策の延長だったのです。しかし、日本側から見れば、これは日本の「主権の回復」だった。

そして、そのもとで日本は安保体制を「利用」して、経済成長するという主体的決定を行ったように見えるのです。

確かに、そういってても間違いではないのかもしれません。日本も「得」をしただろう、と。しかしそれでも、この「得」も、やはりここでいっている「戦後レジーム」、つまり、日米の間の非対称的な二重構造によって生み出されたものなのです。

しかも第二に、吉田首相は、そのことの意味をよくわかっていたようです。彼は、本心から、平和憲法にも日米安保体制にも賛同していたわけではない。むしろ、占領の中で作られた憲法の正当性を疑っていたし、また、自国の防衛を他国に委ねることの非合理を十分に自覚していたようです。

だから、憲法改正も含めて、いずれこの構造は変えねばならない、と考えていた。しかし、一九五二年のこの時点では、日本にはまだそれだけの力も意欲も準備もない、という判断だったのです。吉田茂は、この日米の二重構造をわかっていたのです。

その場合、とりわけ、この二重構造が、日米の言語の間のギャップを通して行われることがある。先のポツダム宣言の解釈やバーンズ回答もそうですが、近年になってこの種のことが行われた典型例は、九〇年代に入って出てきた「構造改革」に関してでした。そのことを次に見ておきましょう。

第6章

「ガラスでできた鏡張りの部屋」の中で

「アメリカによる日本の構造的障害除去プログラム」

「構造改革」は一九九三年あたりから始まりました。構造改革とは、要するに日本の経済構造はきわめて閉鎖的で前近代的だ、この特殊で後進的なシステムによって日本企業は保護されており、自由競争をしていない、だから自由で公正な市場競争をするような経済構造に変えなければならない。こういうものです。

九〇年代の前半以降、日本のマスメディアもジャーナリズムもほぼ構造改革一辺倒になりました。今から思い起こしても、いささか異様なほどです。ありとあらゆるメディアや評論家が、経済構造改革、政治改革、行政改革を唱えたのです。

その中心が経済上の構造改革だったのですが、この構造改革の基になったのは、一九八九年にアメリカが日本に提唱してきた「日米構造協議」でした。ブッシュ大統領がこれを提案し、ほとんど日本国内でも何の議論もなく、当時の宇野首相が即座に受け入れたものです。

「日米構造協議」は、日本の閉鎖的な経済構造を改革するというもので、この元の英語は何かというと、「Structural Impediments Initiative：ＳＩＩ」と呼ばれるものです。

Structural＝構造的な、Impediments＝障害についての、Initiative＝イニシアティブ、です。

ですから、アメリカの意図ははっきりとしている。日本国内の構造的な障害に関してアメリカ政府がイニシアティブをとって変えてゆくといっている。アメリカがイニシアティブをとり、次に日本政府がそれを受けて構造を変えてゆく、というのです。

イニシアティブという語は先陣を切るというような意味もあり、アメリカではよく使われる言葉ですが、この場合には明らかにアメリカが先頭に立って、積極的に日本の経済構造を変える、という。

それを日本側は「日米構造協議」と訳した。「日米構造協議」だったら両方の代表が、相互に論議してお互いの問題を出し合い、調整する、ということです。お互い対等な立場でやっているように見せているのです。

でも実際はそうじゃない。アメリカ側から見れば、はっきりと、アメリカ主導によって日本の構造的障害を取り除くといっているのです。

全体の構図はアメリカが決めている。その中に日本はすっぽりと入ってしまっている。にもかかわらず、日本の中では、日米の対等な交渉であり、協議だということになっている。こういう非対称的な二重構造になっているのです。

そして、そのうちに、この「日米構造協議」が「構造改革」へと「発展」してゆくのです。もしも、「日米構造協議」が、英文通り「アメリカによる日本の構造的障害除去プログラム」とでもなっていれば、そう簡単に、それが「構造改革」になったかどうか、わかりません。しかし、「構造協議」から「構造改革」まではすぐでしょう。

再びの「国民総転向」

九三年あたりになると、先にも述べたように、日本の経済系のジャーナリストや経済学者、政治家、財界人までこぞって「構造改革」を唱えるようになります。マスメディアは「構造改革」一色になる。

確かに九〇年に社会主義が崩壊し、世界中が市場経済化するという歴史的な転換もありました。世界中がグローバルな市場経済で覆われるといわれた時期です。グローバリズムやボーダーレス・エコノミーなどといわれたものです。

しかし、それにしても、つい三、四年前までは「日本型経済システム礼讃」だったものが、まったく手のひらを返したように、「日本型経済システム批判」になってしまったのです。「アメリカを追い越した」から「アメリカを見習え」になった。

一九四五年の敗戦によって生じたこともこういうことだったのでしょう。いや、もっと壮大な規模でこのような「転向」が起きたのでしょう。「国民総転向」です。わずか半年ほど前には、鬼畜米英で天皇陛下万歳だったのが、瞬く間に、アメリカさんありがとう、民主主義万歳へと逆転したのでしょう。

しかし、「日米構造協議」からわかるように、「構造改革」はもともとアメリカから出た話なのです。

われわれ日本人は、日本の国内で、日本の経済構造の変革運動が生じたかのように思っています。冷戦後のグローバル化の時代に合わせて構造改革が必要だ、ということになった。あるいはそうだったのかもしれません。しかし、そうだとしても、ほとんど意識することなく、あたかも腹話術のように、アメリカの口移しで話している、と見たほうが適切なのではないでしょうか。実際、その背後には、明らかに、アメリカの日本市場への開放要求があったのです。

八〇年代には、自動車、半導体、機械などの先端分野で日米経済摩擦が生じました。日米の経済力が逆転してしまう。一九八四年には一人当たりのＧＤＰで、日本がアメリカを上回ってしまった。

アメリカは当然ながらたいへんなショックを受けます。あれだけ戦争でやられた日本が、どうしてアメリカを上回る経済力を持つのか、許しがたい、という気になっても不思議ではありません。何かがおかしい、いったい何がおかしいのか、ということです。

結果として出てきたのは、日本の「経済構造」が公正な市場競争になっていない、という結論でした。日本は公正な競争をしていない、という。

経済産業省、当時の通産省は戦略的な産業政策を行い、行政指導をやって民間経済に介入している。また、法的および慣行的な規制があり、これも公正な競争を阻害している、というわけです。

そこで、それをアメリカ型の自由な競争経済に変えなければならない、という。『菊と刀』以来、アメリカは、日本をアメリカとは「異質」の国と見なしてきたのですが、ここへきて、もはやそんなことはいっていられない、ということです。外圧によって日本を変えなければならない、という。「リヴィジョニズム（見直し論）」が唱えられるようになるのです。当時、評判になったジェームズ・ファローズの本の題名など、そのものずばりで『日本封じ込め』と題されていたのです。

こうして、日本の不公正な経済の背後には、日本人の価値観や社会構造がある、それを変えなければならない、という。言い換えれば、もし日本がアメリカと同じ土俵で競争していれば、アメリカが負けるはずがない、というのです。これが先ほどのSIIになり、さらに構造改革になってゆく。

実際、一九九三年にクリントン大統領と宮沢喜一首相の間で、両国の構造的な不備について相互に要望を提示するという合意がなされます。

名目上は、両国の対等な要望に見えますが、実際上は、明らかに、アメリカが日本に対して要求する。これは「年次改革要望書」と呼ばれ、その成果は毎年、米議会で報告されていたのです。

これは、事実上、アメリカの手による日本の構造変革といってよいでしょう。もちろん内政干渉といってよい。しかし、あくまでアメリカは要望するだけで意思決定は日本が行っているのです。いや、そういう体裁になっています。

この点はやはり大事なことで、これはアメリカの通商代表部の日本担当を務めたグレン・フクシマもいっていることですが、アメリカのやり方は次のようなものだった。それは、一見、協議のような形をとるけれども、実際には、アメリカの本音は日本に圧力をかけ、アメリカの思うように日本を変革する点にあった。しかし、それを、あたかも日本の意思で行ったようにする。これがアメリカの戦略だった、というのです。

この「年次改革要望書」の内容を仔細に検討した関岡英之さんによると、日本の重要な規制改革は、おおよそこの要望書にそって行われている、ということのようです（関岡英之『拒否できない日本』文春新書）。

そして、この日米間の「年次改革要望書」は、一九九七年にはクリントン大統領と橋本首相の間で合意された「日米間の規制緩和および競争政策に関する強化されたイニシアティブ」に引き継がれ、さらには二〇〇一年のブッシュ大統領と小泉首相による「規制改革および競争政策イニシアティブ」へと引き継がれています。それは、形を変えて一貫したアメリカの日本への圧力になるのです。

むしろ、橋本政権や小泉政権になれば、もっと表現も端的になり、「規制撤廃」や「市場競争強化」へ向けた「イニシアティブ」という、あけすけなものになっている。いうまでもなく、これは、双方向的というより、アメリカからの日本への要求なのです。

この「要望」にもたずさわったアメリカ国務省のズムワルトという人は、あくまでこの要望は、日本の経済成長を助けるためのものである、といっています。決して、ここに、アメリカの国益がある、とはいわない。

規制緩和や市場開放によってアメリカ企業の日本への参入が容易になるとはいわない。「われわれは日本のために助言している」という。

そして、日本の中から、まさしくこれに同調して、唱和する人が出てきます。彼らもまた、これは「日本のため」だ、というのです。こういうエコノミストや評論家、ジャーナリストの真意がどこにあったのかはわかりません。もしかしたら、本気で「日本のため」と思っていたのかもしれません。

しかし、当人の「主観」がどうあろうと、結果として、日本経済は、アメリカ的なグローバリズムへと巻き込まれてゆくのです。そして、当人の主観とは無関係に、むしろ、この「主観」が、日本をアメリカに従属させてゆく。そういう「構造」こそが問題なのです。

アメリカが仕掛けた経済戦争

規制改革の要望は一九九三年あたりから、こうして「制度化」されていたのですが、しかし、日本では、関岡さんがこれを取り上げるまで、この「年次改革要望書」の存在はほとんど知られていませんでした。また、構造改革そのものが、もともとアメリカの利益と深く結びついたものであることも、ほとんど論じられませんでした。

興味深いことに、構造改革が始まった頃、アメリカは次のように主張したのです。「日本では行政規制によって自由競争を阻害され、経済構造が閉鎖的なおかげで、日本の物価は著しく高く、それによって日本の消費者が損をしている」と。先ほどの、ズムワルトと同じです。

したがって、この閉鎖的な経済構造を変革し、市場を開放することは日本の消費者のためである、というのです。これが、アメリカ企業が日本市場へ参入するための口実であったことはいうまでもありません。

アメリカは決して、それはアメリカの利益である、などとはいいません。日本の消費者の利益だ、というのです。何やら、あの占領政策を思い出します。占領はアメリカの利益だとはいいません。それは日本の国民のためのものなのです。

そして、日本のマスメディアやジャーナリズムもいっせいに、これに唱和しました。

それで、どういうことが生じたのか。確かに、規制撤廃や市場開放によって安価な海外商品も輸入され、日本の物価は下がりました。しかし、そのために、日本の企業は激しいコスト競争にさらされるのです。

そしてどうなるか。コスト競争の結果、賃金が下がり、派遣やアウトソーシングのような不安定な雇用形態に変わっていったのです。

こうして、日本型経営や日本型雇用は崩れていったのです。そしてその結果が、九〇年代の後半から二十年近くにわたって生じるデフレ経済になったのです。

アメリカは、明らかに、あのときに日本に経済戦争を仕掛けてきたといってよい。リヴィジョニストのいうように「日本封じ込め」を意図したのです。そのために、日本国内の取引の「ルール」を変える。アメリカ型のルールに変える。アメリカの土俵に日本を引きずり込んだわけです。

同時に九〇年代に、アメリカはIT革命を遂行し、金融工学などを駆使して、製造業から金融中心の経済へと転換をはかります。

情報や金融部門でアメリカは高いアドバンテージをとっていますから、日本に負けるはずはない。アメリカと同じ経済構造を日本に作らせて、同じ土俵に上げればアメリカは日本に勝てるということでしょう。

ところが日本の国内では、それこそがアメリカの戦略である、というような議論はまったく出ません。もちろん、一種の経済戦争だなどという発想はまったく出てこなかった。

もっぱら、「日本型経済」や「日本的経営」は、このグローバルな時代には通用しない、といわれ、日本はこれまで一種の「社会主義」であったとさえいわれたのです。日本の経済系のジャーナリズムや評論家がこぞってそういったのです。まさしくアメリカの対日圧力を代弁したのです。

あるいはいわゆる「四〇年体制論」というものが出てくる。日本は、未だに戦争突入直前の国家総動員体制のままである、という。こうしたあまりに荒っぽい議論が横行していた。構造改革は、この「遅れた」体制から抜け出すために不可欠だとされたのでした。

アメリカ経済学の「正しさ」とは

さらにこういうことにも注意しておいていただきたい。

経済学者は基本的にアメリカに留学し、アメリカ型の教育を受けてきます。彼らは、アメリカの経済学を学んで帰国し、国内でそれなりの地位に就く。

八〇年代のアメリカの経済学は、ほぼ市場競争論一色になりますから、彼らの経済についての見方は基本的に市場競争をよしとするものです。そして、それを前提にして彼らは日本の経済を分析する。

となると、結果は明白です。日本経済は公正な市場競争をやっていない、ということになるでしょう。そこで、日本経済を市場競争型に変えなければならない、ということになる。これが構造改革にほかならないのです。

これは経済学者だけではありません。いわゆる官庁エコノミストもそうですね。ジャーナリズムもこの点では同じで、基本的にアメリカの合理主義的な経済学を基準にしている。このスタンダードから日本を眺めて、日本の経済構造はおかしい、という。

重要なのは、彼らは、別にアメリカの利益を代弁しているなどとは思っていない、ということです。「正しいこと」をいっていると思っているでしょう。確かにアメリカ経済学は、それなりに合理的な論理を提供しているので、正しいように見えます。だから日本に帰ってきて日本の現実を見れば、日本の現実が間違っている、ということになる。日本は遅れている、改革が必要だ、という主張をする。

しかも、先にもふれましたが、彼らは主観において、それが「日本のためだ」と思っているのでしょう。

もちろん、このことがすべて間違っている、といいたいのではありません。アメリカの合理的経済学が、すべて間違っているなどといっているのではありません。

ただそれは、あくまで「アメリカ」の思想や価値や歴史を反映したものだ、とまずは見ておかねばならないのです。

実際、アメリカの市場原理主義的な経済学は、個人主義や自由主義、能力主義などについてのアメリカ社会の価値を色濃く反映している。それを背後に持っているのです。

だから、それをそのまま日本へ持ち込むことはできないのです。それを無理やり持ち込めば、日本の社会や、日本人の価値観まで混乱をきたす。そしてそれが、結果として、日本経済を弱体化することは十分に想定されるのです。

ＴＰＰ交渉の本質は経済観の対決

私は若い頃、主として経済学を学んでいました。その頃からどうも譲り渡すことのできない信念というべき経済観がありました。それは次のようなものです。

確かに、自由な市場競争は社会主義の計画経済よりは優れている。しかし、市場競争そのものは、市場原理にのらない「社会」の安定性によって支えられなければならない。それが崩れてしまえば、市場経済それ自体が壊されてしまう、ということです。

ところで、社会の安定性を確保するものは何でしょうか。まず人々の社会生活の安定があるでしょう。そのためには、医療、福祉、地域の安定が必要です。防災も必要となるでしょう。質のよい労働力の確保も必要となり、そのためには教育は重要な意味を持ちます。

また、社会秩序の確保のためには、人々の倫理観や道徳的精神もなければならないですが、それは、その国の文化や伝統・習慣と不可分でしょう。また、資源、食糧の自給率の向上も不可欠です。さらにいえば、国民生活の安全確保には、それなりの軍事力を整備しなければならないでしょう。

ところで、右にあげた事項は、すべて、市場で提供できるものではありません。公共性の高いものであり、そもそも効率性や利益原理で測れるものではない。

しかし、こうした「社会」の安定があって初めて市場競争はそれなりに機能するのです。そして、「社会」の秩序は、基本的にその国の文化や習慣の中で歴史的に作り出されてきたもので、容易に作り変えられるものではありません。「制度の文脈依存性」と呼ばれるものです。グローバルスタンダードなどといって標準化できるものでもない。いくら市場競争が効率的だといっても、自由な市場競争に委ねるわけにはいかないのです。

現在の状況に目を移せば、日本のＴＰＰ（環太平洋戦略的経済連携協定）への交渉参加が決まり、ルール作りの交渉が続いています。もちろん、国によって経済構造が違い、得意分野が違うからこそルール作りが必要だということはできるでしょうし、交渉によって各国の利益が実現できる、という言い方もできるでしょう。

しかし、TPPがあくまで、域内という限定はあるものの、徹底した自由化と市場競争化を目指していることを忘れてはならないのです。ルール作りも、あらゆる経済活動を、原則、自由な市場競争にさらすという方向でのルール作りであることは見逃せません。

先に述べたアメリカの経済学から導かれるのは、医療、教育から資源、知識（知的資源）、環境への権利まで市場取引に委ね、基本的にあらゆるものを市場化しようという、アメリカの経済観です。

ここでいう「社会」の安定にかかわるものまで、効率性と生産性という市場競争の原則に委ねようということです。この経済観は、個人主義や能力主義、成果主義、そして、すべてを客観的な数値で示すことで普遍性を確保できる、という価値観に基づいています。

そして、この価値観こそはまさしくアメリカ文化の中枢というべきものなのです。だから、TPPにかかわる日米交渉も、その本質は、日米の経済観の相違、その背後にある文化や価値観の相違からくるものにほかなりません。利害の調整という外観に踊らされて、経済観の対決という面を理解しないと、取り返しのつかないことになりかねないのです。

アメリカの腹話術と化した日本人の議論

ところが、そこを見ずに、合理的理論だなどといって、日本の現実はおかしい、改革すべきだというと、無意識のうちに、あるいは自動的にアメリカ的バイアスがかかってしまう。改革は必要かもしれないのですが、その改革が、結果として、いかにもアメリカ的価値に基づくアメリカ型システムの強引な導入という形になってしまう。

そして気がついてみれば、日本は完全にアメリカの土俵の中に入り込んでゆくのです。「アメリカ的なもの」に従属してしまうのです。

国内では、われわれはいかにも「主体的」に議論し、改革をしているつもりでしょう。改革派の人々も「日本のため」といっている。

しかし、もっと大きな状況から見れば、そのことが「アメリカへの自発的従属」になってしまうのです。自らの頭で考えているつもりなのですが、実際には、「アメリカの腹話術」になってしまっている。そして、この「無意識のアメリカへの自発的従属」こそが「戦後レジーム」にほかなりません。

繰り返し注釈を付け加えますけれども、私は別にアメリカが悪いとかけしからんなどといっているのではありません。別にアメリカを批判しているわけでもありません。アメリカとはそういう国です。アメリカがアメリカの国益を求めるのは当然のことです。

ただ、アメリカにはある種の特殊性があります。そのことはよく理解しておかなければなりません。それは、アメリカの国益は常に「世界」と深くかかわっている、という独特の世界観あるいは世界意識を強く持っている点です。

もっといえば、アメリカの国益は、アメリカが世界のリーダーであることと不可分だと考えている点です。この「超大国」という使命感はきわめて特異なものというほかない。

だから、とりわけ冷戦以後、アメリカは改めて世界で最大の経済力を持つことを自らの使命と見なすようになった。最大の経済大国であって初めて最強の軍事力を持つことができるのです。だから日本が経済的にアメリカを追い越すことはアメリカにとってはたいへんな脅威となった。日本を叩くのは当たり前だともいえるでしょう。

もちろん、現実問題としていえば、話はそれほど単純ではありません。日本経済とアメリカ経済は相互に深く結びついており、しかも、アメリカ国債はすでに日本がそのかなりを保有していますから、アメリカとしても、日本経済があまりに低調になっては困るのです。叩けばよい、などということではありません。

その意味では、どちらが勝つかというような単純な話ではありません。ゲームはもう少し複雑なのです。

しかし、いずれにせよ、この複雑なゲームにおいても、アメリカは常に戦略的対象として日本を見ている、ということを忘れてはなりません。根本にあるのは、アメリカの国益という観点であって、常にそこに焦点を合わせて、日本を見ているのです。

確かに、ウィン - ウィンになるときもある。しかし、ゼロサム・ゲームになると、自国に有利なルールを作ったほうが圧倒的に有利になるでしょう。いや、プラスサムでもそういうことは起きるのです。ルールを自国に有利になるようにすれば、すべてをとることが可能となるのです。

「他者」の言葉で思考する日本人

ところが、アメリカは、それを決してあからさまには表出しません。一九八〇年代半ば、とりわけ一九八五年のプラザ合意から始まった「日米の政策協調」も、あくまで日本の利益になる、という言い方をする。アメリカ経済を支え、アメリカ経済を安定化することが日本の利益になる、という言い方をする。

しかも、このプラザ合意が結ばれた、その同じときに、レーガン大統領は「通商政策アクション・プログラム」を発表し、外国の不公正な貿易慣行を改めさせるために、外国との二国間交渉を行うという政策を打ち出している。

この場合の「外国」が日本を想定していることは論をまちません。まさしく、プラザ合意で決められた政策「協調」とは、アメリカによる日本への内政干渉を合理化するものだったのです。しかも、それは、「新自由主義者」といわれたレーガンの政策なのです。これは、自由主義どころか、言葉通り、「新通商政策」つまり重商主義だった。それを日本のジャーナリズムも知識人も、レーガンの新自由主義を見習え、などといっていたわけです。

かくて、構造協議にせよ、構造改革にせよ、同じように、経済構造をアメリカ型に変えることが日本の利益になる、という。市場開放は日本の消費者の利益だという。構造改革は日本の利益だというのです。占領政策が日本の利益になる、というのと同じ理屈なのです。

ここでもまた、日本人は、自ら考え、自国の国益を追求しているつもりなのですが、実は、ほとんど「無意識の思考」によって考えさせられているのであり、アメリカ的なものに擦り寄ってしまうことになる。

こうして、日本の国内では、政策協調も構造改革も、それが日本の利益だ、という論議に収斂されていった。しかしその外側にあるアメリカの戦略はまったく目に入らない。いや、あえてそれを見ようとはしないのです。

これも注意しておいてもらいたいのですが、私は、アメリカとの緊密な関係が日本にとって不利益だといっているわけではありません。構造改革もすべて間違っていた、アメリカとの関係は断ち切るべきだ、などという暴論を述べるつもりもありません。別に嫌米でも反米でもありません。

そうではなく、われわれが、いかにも主体的に物事を決定したと自ら考えている、そのこと自体を疑ってみたいのです。問題はアメリカではなく、われわれの側にある。われわれが自明だと思っていることそのものに大きな落とし穴がある。

それを生み出すものは、日米間の「非対称的な二重構造」なのです。この構造にとらわれている限り、われわれはどうしても、アメリカ的なものによって自動的に思考させられてしまう。

われわれの意思決定が、本当は、われわれ自身の固有な言葉や固有の思考によってなされているはずなのが、そうではなく、どこか他者（アメリカ）の借り物になっているのではないか、ということなのです。「他者」の言葉を自らのものとして話しているだけではないか、それを疑ってみるべきなのです。

日本の言説空間は「ガラスでできた鏡張りの部屋」

実は、こういうことをかつてきわめて的確に指摘したのは、ここでも繰り返し参照してきた評論家の江藤淳でした。

彼は、戦後日本は、アメリカとの関係において特殊な思考・言説の空間に置かれている、というのです。

それは、いわばガラスでできた部屋なのですが、ただ内部が鏡張りになっており、その中に日本人は置かれている。だから、この部屋の中では、お互いの顔や言葉が映し出され、この狭い空間の中で、日本人同士が互いに論議している。しかし、このガラスの部屋（空間）そのものをアメリカはその外部から眺めることができる、というのです。

日本人からすると、この空間の外は見えないので、アメリカに眺められていることはわかりません。だから、鏡に映し出された相互の姿を見ながら、そこで議論して物事を決めたように見える。

しかし、この部屋そのものはガラス製で、この内部はアメリカからは丸見えなのです。

アメリカは、アメリカにとって特に問題がなければ、この空間に干渉しませんが、ひとたびアメリカにとって問題だとなれば、いくらでも介入してくるのです。

江藤さんは、この非対称的な二重構造の原型を占領政策に見ている。まさに占領政策は、先にも述べたように、GHQの姿は明確には見えない。日本政府が決定しているように見える。しかし、背後でそれを誘導しているのはあくまでGHQだった。

占領政策の持つこの構造がもっとも典型的に示されているのが、占領政策の中で行われたGHQによる言論検閲でした。

これも日本人には見えません。別に公式的に白昼堂々と統制をするわけではないからです。だから、日本人からすると、戦後の民主化によって言論は自由になった、と思っているのですが、実は、その背後にGHQの検閲が控えており、その意味では、現に日本人の眼の前に提供され、人々が読むことのできる言論は、GHQが「合格」としたものであった。

実際、江藤さんの研究によると、一九四六年の十一月二十五日付けで書かれた検閲指針には、検閲によって削除、または発行禁止とされる項目が列挙されている。そこには、GHQ批判は当然、極東軍事裁判批判、GHQの憲法起草批判、さらには、アメリカ批判からロシア批判、中国批判、朝鮮人批判などが削除の対象とされている、という。

しかも、この日付は、あの言論の自由や国民主権をうたった戦後憲法の制定された十一月三日のすぐ後だったのです。

もちろん、戦前の日本を思い起こさせるもの、戦前的なナショナリズムをあおるようなものはすべて禁止されます。「神国日本」や「八紘一宇《はっこういちう》」やそれに「大東亜戦争」などは禁句になる。戦争擁護ととられるものも不可です。アメリカへの批判や占領政策への批判も禁止される。

戦後の「言論の自由」とは、こうしたものだった。鏡張りの空間にいる日本人にとっては、確かに、戦後いっきに「言論の自由」が社会を包むように見える。しかしこの空間をガラス張りにして眺めているアメリカからすれば、この「自由」そのものを管理しているのです。

そして、より大事なことですが、江藤さんによると、占領期のこの「事前検閲」は、特に新聞の場合、一九四八年の七月まで続き、その後は「事後検閲」に変わっていった。するとどうなるか。「事後検閲」になると、むしろ、「検閲」があらかじめ日本の言論空間に内面化され、埋め込まれてしまうのです。言論人は、事後検閲に引っかかるのが怖いから、あらかじめ「自己検閲」してしまうのです。

本を書いてしまって、出版してから差し止めにあえばたいへんな損害が出てきますから、あらかじめ無難なように「自己検閲」するわけです。

雑誌などでも同じことです。GHQの意向に反するようなものはあらかじめ掲載しないのです。

こうして、自らすすんで、アメリカの意向を「内面化」し、それに反するものをあらかじめ自発的に排除するわけです。そして、この「自己検閲」が、実は、サンフランシスコ講和条約以後、日本の(一応の)独立達成後も続いているのではないでしょうか。

今も続く「無意識で自発的な自己検閲」

どうも確かに、今日にいたるまで、われわれは常にいかにも「アメリカの意向」を気にしているのではないでしょうか。ほとんどそれを意識せずに「アメリカへの自発的服従」に陥っているのではないでしょうか。これは、政府関係者や官僚などの政策立案者など、現にアメリカとの接触が多い部署では、より強まるでしょう。

しかし必ずしもそれだけではなく、マスメディアにもこういう傾向はかなりあるでしょう。もちろん、現実に、アメリカの政府機関は、日本の代表的な出版物や雑誌はちゃんとチェックしている。反米の芽がどこかにあるか、ということをいわば「検閲」しているのです。

特に冷戦体制のときには、共産主義的傾向を持った人物や出版物はたえずチェックされていた。今日でも、アメリカはインターネット上の情報を基本的にすべて把握できる体制を作っている。

こうした現実の諜報活動もあります。しかし、ここでいいたいのは、このような「検閲」を背景として、われわれが今でもどこか「自己検閲」してしまっているのでは、ということなのです。江藤さんが不思議なガラス張りの部屋のたとえで述べたような、日米の「非対称的な二重構造」が、「無意識の自発的従属」を生み出すのです。それこそが、本当の意味で「戦後レジーム」を支えているのです。

この「自己検閲」をわれわれはまったく意識していない。だから、ガラスの外からあたかも暗示にかけられたように、われわれは自発的に、しかも、自らはまったく意識せずに特異な言論空間を構成してしまうことになるのです。

こうなると、問題は、「無意識の自己検閲」ということになってくるでしょう。言論の無意識のリモートコントロールです。そして、この「無意識で自発的な自己検閲」を生み出すことこそが、占領政策の重要な意味でした。

アメリカといえど、別に日本の言論空間を管理したり、操ったり、暗示にかけようとしているわけではない。それはわれわれが「無意識の自己検閲」によってやっていることなのです。

しかし、この「ガラスでできた鏡張りの部屋」という不思議な空間構造のために、アメリカは、常に、この部屋を眺めることができる。この内部で生じていることが、あまりにアメリカに脅威となったり、アメリカの利益に反したりする場合には、いつでも介入できるのです。それがある限り、われわれはどうしても、「アメリカ」という「父親」をどこかで想定した「無意識の自己検閲」に入ってしまう。つまり「無意識のアメリカへの自発的従属」に陥ってしまう、ということになるのです。

第7章

「ごっこの世界」の中にある日本

アメリカ的価値への無意識の従属

これまで述べてきた「無意識の自己検閲」は実はたいへんに大事な問題です。ことは、その国の固有の「価値」ということがらにかかわるからです。

国というものは、ふたつの次元で捉えることができます。ひとつは、「国家（state）」であり、もうひとつは「国民（nation）」です。

前者が、政府の構造や法制度や軍事力といった国の「統治」にかかわるのに対して、後者は、共通の統治機構を持ち、共通の価値や文化的・歴史的経験を共有するような人々の集団です。通常は、このふたつが結びついた形で近代国家が成立している。

そこで、戦後日本を考える上でも、このふたつの次元が出てきます。国家のあり方、政治システム、経済システム、そして、安全保障体制といったものは基本的に「ステイト」にかかわる。ここまで主として論じてきたのは、この「ステイト」の次元でした。

しかしもうひとつ大事なものがあって、それは「ネイション」を構成している価値観なのです。

私は、これまで、「戦後レジーム」の基本は、平和憲法と日米安保体制であり、そのもとでの経済成長路線だといいました。

これは、第一義的には、国の統治にかかわる基本構造なのです。そして、この基本構造を生み出したのは、占領政策におけるアメリカであり、それを固定化したのはサンフランシスコ講和条約だといいました。

しかし、この背後には、実は「価値」の問題があります。そのことを無視するわけにはいきません。制度や体制を支えているものは、その制度や体制をよしとする国民的な価値だからです。

「国民（ネイション）」が、こうした「戦後レジーム」のもとでさしたる痛痒《つうよう》を感じることなく、もっぱら経済的な利益に関心を払ってやってきたのには、その背景に、これを支える価値観がなければならない。

そして、戦後の基本構造が、「アメリカへの自発的従属」にあったとすれば、それを支える価値観が植えつけられたということです。実は、この「アメリカ的価値」へのほとんど無意識の従属こそが「戦後レジーム」を根底で支えるものだった。それを次のように考えてみたいのです。

「悪の帝国」と戦う「正義の共和国」

ここでもう一度、ポツダム宣言に戻りましょう。なんといっても、それが「戦後」の起点だからです。

ポツダム宣言の基本的な考え方は非常にわかりやすいもので、要するにこういうものです。「この戦争は、自由な民主主義勢力に対して、世界征服を意図した軍国主義者あるいはファシズムの挑戦であり、それは犯罪である」という。

日本とドイツ、イタリアはファシズム国家であり、この指導者たちは、根本的な「悪」だ。だから、これらの指導者の「悪」は徹底して壊滅されなければならず、この過誤を犯した「戦争犯罪人」は徹底して処罰されねばならない、というわけです。

ポツダム宣言は、前にも述べましたが、事実上、トルーマン大統領の自作自演で、ここにはもっぱらアメリカの戦争観、歴史観が直接に反映されているといってよいでしょう。

世界征服を意図する「悪」が自由や民主主義に対して挑戦したというのが、この戦争の意味であり、アメリカを中心にした連合国は世界の自由や民主主義のために「悪」に立ち向かった。これがアメリカの解釈です。

アメリカの戦争観は常に「悪」と「正義」、もしくは「野蛮」と「文明」の戦いとして表象されてきました。ハリウッド映画でも、だいたい「悪の帝国」対「正義の共和国」の戦いという構図になりますね。

アメリカの歴史観もそうです。アメリカの歴史観は、自由や民主主義やヒューマニズム、人権観念や個人の幸福追求の権利、こういう価値を人類の普遍的な権利だと見なしている。

だからそれに対する挑戦者は「悪」であり、戦争とは常に悪と正義の戦いになる。正義はいうまでもなく、自由や民主主義を守り、さらにはそれを世界化してゆく側にあるのです。かくて、歴史は常に、「正義」が現実化し世界化する長い闘争の過程である、という。そしてその場合、アメリカこそが正義を守り、世界化する責任を負っている。したがってアメリカは「悪」との戦いのために、世界で最強の軍事力を持たなければならないし、その軍事力を維持するためには、世界で最大の経済大国でなければならない。これが、アメリカの基本的な考えなんですね。

それは一貫している。第一次世界大戦への参戦に際して、アメリカは自国の国益を守るための参戦とはいわなかった。ウィルソン大統領は「世界の民主主義を守るためにこの戦争に参加する」といった。民主主義は人類の普遍的理念だから、その普遍的価値を守る責任がアメリカにはあるということです。

ここにアメリカが一貫して持っている歴史観が示されています。戦後の冷戦も、ソ連という「悪の帝国」から、「共和国」の自由や民主主義を守る戦争だった。ベトナム戦争もそうですね。

ベトナムの空爆も、アメリカからすれば、共産主義者との戦いだった。二〇〇一年の九・一一をきっかけに開始された対テロ戦争やイラク戦争もそうですね。テロリストという「悪」や、その支援国との戦いです。

これらは、すべて、自由や民主主義を守る「正義の戦争」なのです。この戦いをへることでようやく、自由や民主主義を最高の価値とする世界秩序が生み出される、というのがアメリカの歴史観なのです。

そして、どうしても注意しておいてもらいたいのですが、ここにはやはりユダヤ・キリスト教という独特の宗教的な背景があるというべきでしょう。

アメリカの「聖戦」

ユダヤ教は、エジプトで奴隷になっていたイスラエル人たちを神が解放するところから始まる。彼らはモーセに率いられてシナイ山で神と会う。そのときに神と契約する。神は自らに対する絶対的な信仰と帰依《きえ》を求めるのです。具体的には十戒を厳格に守った正しい生活を要求する。そうすれば、お前たちを助けてやるという約束をするわけですね。そこでエルサレムに神の神殿を建てることを要求するのです。

ということは、イスラエルの民にとっては、エルサレムに聖地を作ることに対する障害とは戦わなければならない。こうしてユダヤの戦争は、神の教えに従っている限り、常に「正義の戦争」になります。「聖戦」といってもよいかもしれません。

特に異教徒との戦いは「聖戦」になる。そして、この戦いは「正義の戦争」である限り神の加護があり、必ず勝利するのです。そして最終的にエルサレムに神の神殿を建て、神の国を作る、というわけです。

十六・十七世紀のイギリスのプロテスタントたちは、エジプトの奴隷ほどひどくはなかったでしょうけれども、イギリスで迫害され、食いつめてアメリカに流れ着いてきた。アメリカに新しいエルサレムを建設しようとした。

彼らからすれば、アメリカとは新しいエルサレムそのものであり、アメリカにやってきたということは、新たな聖戦だったのです。

アメリカにはこういう心性が伝統的にあります。キリスト教はユダヤ教よりももっと普遍的な宗教ですから、アメリカを守るための戦争は、もっと普遍的な意味を帯びてきます。本当に「正義の戦争」という意識が出てくるでしょう。

近代社会になりますと、もちろん、宗教は背後に退き、神という観念は自明のものではなくなりますが、それでもアメリカは今日にいたるまで、信仰深い宗教大国なのです。国民の九〇パーセント以上が神を信じ、戦争ともなれば、大統領も教会へ出かけて神の加護を祈るのです。

確かに、近代社会の公式的価値は、宗教との闘争の中から自由や民主主義が獲得されたという点に求められている。それらが「正義」になりました。

しかし、それらもまた、ユダヤ・キリスト教をバックボーンにしていることは間違いなく、思考方法はほとんど同型なのです。

自由や民主主義という人類普遍の正義、そのためにアメリカは戦う。歴史は、この普遍的な理念の現実化、世界化を目的としている、と考える。この背景になっているものはユダヤ・キリスト教以外の何ものでもありません。

もちろん、アメリカには実際には随分差別があって平等どころではないし、個人の自由といっても、結構、社会的な同調圧力はあります。「アメリカ」への忠誠心の強さは、国歌や国旗への愛着を見れば、日本どころではないことはすぐにわかります。

けれども、建前としては自由と平等というものを掲げる。個人の幸福追求の権利も掲げる。人間の普遍的権利というものを掲げる。そういう理念によって成り立った国がアメリカです。この理念に賛同するものがアメリカという国を作った。

いうまでもなく、これは相当に特異な国家形成です。これがアメリカという国を成り立たせている。こういう国で初めて先ほどの歴史観が生まれてきた。したがって、アメリカは大東亜戦争（アメリカのいう太平洋戦争）もその歴史観のもとで戦ったのです。

「侵略戦争」史観の起源

そして、まさしくポツダム宣言もその立場で書かれていました。

もちろん、日本がポツダム宣言を受諾したときに、本当は、このアメリカ的歴史観まですべて受け入れたというわけではありません。そこまで受け入れる必要もない。

しかし、そうはいっても、ポツダム宣言の受諾は、自由・民主主義と軍国主義・ファシズムの戦い、という戦争解釈を受け入れたことを意味します。

こうして、必ずしも明示的にではないのですが、いわば暗示にかかったかのように、軍国主義者による自由・民主主義への侵略行為、という戦争観を受け入れることになり、ひとつの歴史観を受け入れてしまうのです。

繰り返しますが、この戦争が、日本の軍国主義者による世界征服を意図した犯罪行為であり、自由・民主主義への挑戦である、という見方はあくまでアメリカのものです。

ポツダム宣言を受諾して、占領政策に入る時期、ほとんどの日本人はそんなことは考えていなかったでしょう。ポツダム宣言の受諾に際しても、「国体護持」つまり天皇の地位が保全されるか否かが最大の焦点で、この戦争観、歴史観そのものは問題にはされていない。

しかし、これも江藤淳の指摘によると、サンフランシスコ講和条約の見通しがつき始めた一九五〇年の七月になって、外務省が、講和条約で想定される内容をおおよそ大綱化しようとした「対日平和条約想定大綱」を作成します。

そこでは次のように書かれている。

「一、日本がドイツおよびイタリアと同盟して侵略戦争を始め、その責任を分担していること。二、日本が無条件降伏し、降伏文書に署名したこと」(江藤淳『日米戦争は終わっていない』ネスコブックス)

これは、講和条約に臨むに際して、日本側が想定したことなのです。

いわゆる終戦に際して、「終戦の詔勅」で天皇は次のように述べていました。

「米英二国に宣戦せるゆえんもまた実に帝国の自存と東亜の安定とを庶幾するにいでて、他国の主権を排し、領土を侵すが如きは、もとより朕が志にあらず」

これを見苦しい弁明などというわけにはいきません、確かに、ほとんどの日本人はそう思い、だから、この詔勅に涙したのでしょう。

占領政策に入る前には、自存自衛の戦争と思われていたものが、講和条約の少し前には、侵略戦争になっているのです。

外務省が「侵略戦争」という言葉を使ったのは、これが初めてだそうです。ここでは、「侵略戦争」も「無条件降伏」ももはや当然のこととなっている。

一九四五年から五二年までの間に、戦争解釈が大きく変わっているのです。「自存自衛の戦争」から「侵略戦争」に変わったのです。

もちろん、敗戦によってアメリカに「解放」され、国民が「真実」を知るようになった、という言い方もできるでしょう。今日、ほとんどの人はそう考えています。戦争中の日本人は、「大本営発表」という虚偽の発表に欺かれて、真実を知らされていなかった、というのです。

そういう面を否定できません。しかしそれでも、あの戦争が、軍国主義者による世界もしくはアジアの支配を意図した侵略戦争であった、という戦争観は、いくら新たな事実が出てきて、戦時中の統制がはずれても、それほど簡単に納得できるものではありません。東京裁判で、いわゆる侵略戦争の戦争犯罪を問う「平和への罪」を構成する意図的な共同謀議などなかったのです。むしろ、アジアなり世界なりの征服を意図した共同謀議など何もないのに、この大戦争に突入してしまったほうが問題だったのです。だから、世界（アジア）征服を企んだ侵略戦争だったなどといわれても、誰もがその実感を持ち得なかったのです。

明らかに、ここには、占領政策の一環としての、あの戦争に関するアメリカの日本教化がありました。"war guilty program"です。

そして、この戦争を「日本軍国主義による世界秩序への挑戦」とする侵略戦争観が、

「反省」に基づく新たな「再生」へと向かう日本にとっても実は好都合だったのかもしれません。

一九四五年の八月十五日に始まる「戦後」という物語を、多くの人は、そのようにして立ち上げようとしたのでした。

かくて、少なくとも、公式的には、日本は誤った侵略戦争を遂行した、という了解が日本に定着していった。そうすることで、日本国内において「一億総懺悔」によって、新たな戦後を立ち上げることができた。

しかしいずれにせよ、これがアメリカの戦争観と見事に符合している点は無視できないのです。侵略戦争を誤った戦争として反省し、総懺悔し、ついでに総転向し、その上で、民主的な戦後日本を再生する、ということは戦後日本には好都合だった。そして結果的に、日本はアメリカの歴史観へと従属することになるのです。

三島由紀夫はなぜ「軍隊ごっこ」を演じたのか

その点では、戦後の「革新（左翼）」も「保守」もさしたる違いはありません。

「左翼」は、この大戦をファシズムによる自由・民主主義への挑戦というアメリカ的「侵略戦争観」を文字通りに受け入れた。丸山眞男を初めとする戦後期の左翼リベラル派、いわゆる進歩的知識人といわれた学者や知識人は、自由や民主主義、人権思想などの普遍性、世界性を唱えるアメリカの価値をそのまま受け入れた。

そもそも、占領期間中に発表された論説はGHQの「検閲」を受けているわけですから、当然、この時期、発表されたものについてはアメリカは何の異存もないのです。戦後民主主義と平和主義こそ新生日本の条件だという進歩派左翼は、ほとんどGHQの占領政策の思想的な宣伝だったのです。

一方、いわゆる「保守」は、やはりこの歴史観を受け入れて、その上で緊密な日米関係を維持し、安定した政権運営のもとで経済成長を達成しようとした。

もちろん、「保守」と一言でいっても、右翼よりのナショナリストから、穏健な現実主義者まで様々で、その範囲に応じてアメリカとの距離感も異なっているのですが、おおよそのところ、「保守派」は、現実的な日米関係の維持に日本の国益がある、という立場に立ったのでした。

だから、いかにも「革新」と「保守」が対立しているように見えても、それは見せかけにすぎず、この両者がもたれかかりながら、「戦後レジーム」を作り出したというわけです。

「保守」は、たえず「革新」を急進的な体制転換をもくろんでいる、と批判し、「革新」の側は「保守」を憲法改正をもくろみ、戦前への道を逆戻りするナショナリストと批判したりするのですが、いずれにせよ、こんな批判は両方ともまったくあたりません。

社会主義であれ、戦前への回帰であれ、「戦後レジーム」を否定する気など、「革新」にも「保守」にもなかったのです。

両者ともに、アメリカを背後に置いたあの非対称的な二重構造によりかかっていたのです。本当の体制は、まさにこの「構造」そのものにこそあった。

江藤淳は、そういうことをさして「ごっこの世界」と呼びました（江藤淳「『ごっこの世界』が終ったとき」）。

六〇年代の末に、一方で、「革新派」の急進的運動である全学連による学生運動が起き、彼らは暴力革命による体制転覆を訴えた。一方、これに対抗して三島由紀夫が「楯の会」を作って国家防衛のための私設軍隊を創設しようとしました。

江藤さんは、それを「革命ごっこ」「軍隊ごっこ」と揶揄《やゆ》したのです。真の問題は、日本政府や日本そのものの背後に「アメリカ」が存在することで、この本当の「体制（レジーム）」を問題としないで、国内で相互に敵対を演出している。だから、この両者を「ごっこ」といったわけです。

これはまた、実は、自衛隊についてもいえることです。自衛隊は国民を守るものですから、われわれはその自衛隊に対して当然、ある敬意を持ち、少なくとも、そのあり方について関心を持ってもよいはずです。

しかし、どうもわれわれは、自衛隊に対してほとんど関心を持たない。江藤さんの言い方では、自分を自衛隊という防衛組織に対してアイデンティファイできない。自衛隊そのものが、戦争や国防という本当にシビアで命懸けの事態とともにある、という感覚を国民が持てないでいるのです。自衛隊そのものが、何か別世界にあるよそよそしいものに思われ、まったくリアリティを感じることができない、というわけです。

それは「いわくいいがたい非現実的な雰囲気」の中に置かれている。この「非現実的雰囲気」の中にあっては、すべてがどこか「ごっこ」になってしまう。

だから、自衛隊もまた「ごっこの世界」の中にある。どうしてか。それは、国防をアメリカの手に委ねているからにほかならないのです。実は、自衛隊そのものが、その内実はともかく、その法的立場や形式からいえば「軍隊ごっこ」になってしまっている。それは、戦力であるが、行使はできない戦力だからです。現実には使えない軍隊なのです。

おそらく三島はこの「構造（レジーム）」をよくわかっていたのでしょう。この構造の中では自衛隊さえも「軍隊ごっこ」にならざるを得ないことを理解していたのでしょう。だから、自らをそこまで貶《おとし》めているこの「体制（レジーム）」に対して決起することを、三島は訴えたのでした。「お前たちはそれで恥ずかしくないのか」といったのです。

そして、その自衛隊の代わりに、あえて意識的かつ劇的に、自ら「軍隊ごっこ」を演出したのでしょう。彼は、徹底して「戦後」を批判しましたが、結局、戦後を成り立たせているものがこの「構造」であることを理解していたのでしょう。

しかし、どうにもならないのです。この「構造」を破棄するわけにもいかず、かといって、それに黙従するのは堪えられなかった。だから、大仕掛けで演技的な、誰が見てもわかるような「クーデターごっこ」を仕掛けたのでした。

朝日誤報問題の本質

もうひとつ、この「戦後レジーム」の構造を垣間見せた最近の出来事を、ここで論じておきましょう。

それは、二〇一四年に表面化した、朝日新聞のいわゆる従軍慰安婦報道の誤報問題です。ここでも、問題の本質はこの「構造（レジーム）」にありました。

朝日新聞が弁明の余地もない失態を犯したことは疑いなく、ジャーナリズムとして致命的といわねばなりません。これまで朝日のいささか居丈高な「サヨク主義」に苛立ちを禁じ得なかった保守系ジャーナリズムが、ここぞとばかりに朝日攻撃に走ったのもやむを得なかったともいえるでしょう。

しかしまた、これをただ、朝日的サヨクの失墜という次元で論じるのでは、問題の本質を取り逃がしてしまうことになるのです。

戦後日本のジャーナリズムにおいては、朝日新聞は自らそのクオリティを誇り、権威ある新聞を自認していました。そしてまた、多くの知識階級もしくは自らを知的であると考えている者にとって朝日はもっとも権威ある新聞であったのです。

その理由は簡単です。朝日新聞こそが、戦後日本の公式的価値を代表したからです。戦後日本の公式的価値とは何でしょうか。それは、あの戦争を日本のアジア侵略によって始まった侵略戦争と見なし、敗戦を、連合国による日本の軍国主義からの解放と見る。そして占領政策をへて、日本は民主国家、平和国家へと再生したという歴史観です。

こうして、軍国主義が引き起こしたあの戦争の反省に立って、戦後日本は民主主義と平和主義を掲げることによって国際社会に復帰した。したがって、民主主義と平和主義こそが戦後日本が誇りとすべき価値であり、それにまさる価値は存在しない。

これが、戦後日本のいわば「公式的価値観」であったのです。そして、朝日新聞に代表されるサヨクこそは、この公式的価値観をほぼ全面的に、しかもほぼ何の疑いもさしはさまずに信奉したのです。

これが戦後日本の公式的価値観である限り、いってみれば、このカードはオールマイティであって、他のいかなる立場をも封じることができる。少なくとも、論説の上ではもっとも強力なはずでした。

ここに朝日の権威が生まれます。より正確にいえば、この構造が、朝日新聞およびそれに追従する朝日的サヨクをして、自らをもっとも権威ある言論と見なすことを可能とした。端的にいえば、彼らは戦後のエリートだったのです。戦後の価値を「正しく」学び、その価値を身につけた優等生だったからです。実際、彼らは概して自らを知的階級に属すると見なしてきました。

この自己陶酔的な特権化を可能としたのは、戦後民主主義と平和主義に対しては、日本国民である限り、誰もが「公式的」には正面から反対できないからです。こうして、朝日新聞の持つある種の権威主義と驕《おご》りが生じました。

しかもそれは、いわゆる進歩的知識人に共通するものでした。というより、実は、あの侵略戦争への反省、懺悔と改悛《かいしゅん》、そして民主と平和という「正しい」戦後の実現、という「物語」の公式化が、進歩的知識人という、戦後日本に特有の奇妙なカテゴリーを生み出したのです。

もちろん、この懺悔による悪からの改悛という「戦後の物語」に対する違和感を多くの者が感じてはいました。

あの戦争を侵略戦争の一語で片付けることへの違和感、占領政策や東京裁判への反発、戦争を一部の軍国主義者による暴挙と見ることへの疑問、一夜にして天皇陛下万歳が民主主義万歳へと変わることへの戸惑い。こうした、「戦後の物語」への違和感を、実は多くの者がいだいてきたのです。

しかしそれを公式的に、正面から論じることは封印された。論じるとしても、いわば非公式に、陰伏的に論じるほかなかったのです。「顕教」ではなく「密教」として論じるほかなかったのです。

政治哲学者のレオ・シュトラウスの言葉を借りれば、公式的で公開の（エクソテリック）

言説に対して非公式的で非公開、内輪の（エソテリック）言説、ということになるでしょう。シュトラウスは、あらゆる政治体制のもとでも、公式的に論じ得ることは限定されている、真に重要なことは非公式に私的な場面でしか論じ得ない、といいます。

これは今日の民主主義においても当てはまります。民主主義においても、人は、すべてを論じ得るわけではありません。タブーは存在するのです。

だからこそ、戦後民主主義者は自らを特権化できたのです。なぜなら、彼らは、自らが依拠する価値への反論は許さないからです。自らを批判する言論を封鎖したのです。戦後民主主義を正当化するあの公式的な物語に対する批判を封鎖したということです。

したがって、戦後民主主義は、ある種の言論封殺の上に成り立っていました。自らの立場への言論を排除した上での「言論の自由」を唱えることの欺瞞が、戦後民主主義をいかにもいかがわしいものにしていたのです。

今日では、この言論封殺は、「政治的正義（ポリティカル・コレクトネス）」や「公式的記憶（パブリック・メモリー）」（世界記憶遺産などというものまで登場する有様です）、差別用語の使用禁止、放送禁止用語などという形をとっている。民主主義はまさしく全体主義を内包しているということになるでしょう。

そして、朝日新聞を代表とする進歩派ジャーナリズムに対する多くの人の、あまり表立っては表明されなかった反発や苛立ちをもたらしたものは、まさしく進歩派に特有のこの欺瞞と、その欺瞞に基づく自己特権化にありました。それが、二〇一四年のいささかどぎつくも少々品位にかけるほどの朝日バッシングを生み出したのです。

しかし、問題の本質はその先にあります。先に述べたように、侵略戦争に対する反省によって誕生した民主と平和の戦後という物語を公式化したのは、戦後日本そのものだったのです。

少なくとも、公式的には、政府は常にその見解を表明してきました。自民党も、大半のいわゆる保守派も、公式的には、この物語を受け入れたのです。それが戦後日本の「構造（レジーム）」でした。

第8章

日本を縛る「非対称的な二重構造」

日米関係の質的変化

前に述べましたが、一九四五年の八月十五日には、まだしも、あの戦争は「自存自衛」という意識が強かった。それが一九五二年四月二十八日には、日本の誤った侵略戦争という意識がほとんど自明のものとなってゆくのです。少なくとも、「公式的」には、そういうことになる。

アメリカの歴史観を受け入れ、しかも、ほとんど無意識のうちに「自己検閲」することとなる。アメリカに対する自発的従属が始まるのです。

もともと、安保条約は平和憲法のもとで、自衛権の行使もままならない日本の防衛、および極東の安全を確保するというものでした。アメリカからすれば、冷戦を有利に進めることができ、日本からすれば国の安全を確保できる、というものでした。

しかし、今日、日米安保体制は、より積極的に「日米同盟」と呼ばれます。そしてその役割も大きく変わってきた。

最初に、今日の世界における最重要問題のひとつである、対テロ戦争や「イスラム国」（IS）の脅威についてふれました。確かに、今日、国家間の正面からの戦争はそれほどありませんが、テロ組織との戦争や「イスラム国」といった通常の国家ではない変則的な集団との戦争は、間歇《かんけつ》的ではあるものの、常態になりつつある。

そして、日本も「イスラム国」からいわば宣戦布告を受けたのです。

われわれにとっては心外なことです。これはもともと西欧やアメリカが生み出した問題だからです。

しかし、これも「公式的」にいえば、この「心外」という理屈は通らないのです。なぜなら、「戦後レジーム」を前提にすれば、日本は、アメリカの価値観を受け入れたからです。日本はただ、軍事的にアメリカに依存しているだけではなく、「アメリカ型の国家」として、世界に対して共同の責任を持つ、といっているからです。

そして注意しておくべきことですが、日米安保体制を日米同盟と言い換えたとき、日米関係に質的な変化が生じている。

本来、同盟関係というと力の行使において、五分五分か、せいぜい六対四ぐらいのものが、双方が協力し合いながら共通の敵と戦うというものでしょう。

しかし日米安保体制は、もともと、どう見ても力の差がありすぎる。軍事力を持たない国（行使できない国）と軍事大国との「同盟」というのは奇妙なものです。だから本当の意味での同盟にもならない。また「同盟ごっこ」になってしまう。

そこで、この変則的関係をいわば糊塗するために、次のような言い方が出てきた。日米は共通の価値観を持って世界の様々な事態に対処するための同盟関係である、と。日米が強力な同盟であるのは、共通の価値観を持ち、その価値観に基づいて世界の秩序形成に対して協力するからだ、というわけです。

これを具体化したのが、二〇〇五年に日米で合意された「未来のための変革と再編」でした。小泉首相とブッシュ大統領のときです。

ここでは、日米は、共通の価値観を持って世界に対する脅威から世界秩序を守る、とされました。これはもはや、当初の日米安保体制からは大きく変貌してしまっています。いうまでもなく、この背景をなしているものは、二〇〇一年の九・一一テロを契機としたアメリカの対テロ戦争でした。

日米安保体制の意味が変わったのです。この新しい日米同盟では、テロ組織との戦いが強く意識されている。さらにいえば、テロ支援国家、ブッシュ大統領のいう「ならず者国家」が強く意識されていた。日米が協調しつつ、これらの脅威と戦う、というのです。

もちろん、アル・カーイダによるテロは、日本にはもともと何の関係もありません。

確かに、日本人も海外で働き、グローバル化した世界ではすべて無関係とはいえない、という理屈もあるでしょう。

しかし、直接的に日本がイスラム過激派と対立する理由はどこにもない。そこへ、この「未来のための変革と再編」です。日米安保体制の意図的な変更です。ということは、戦後レジームの最重要部分である「平和憲法プラス日米安保体制」が大きく変貌したのです。

「日米の価値観の共有」という幻想

そして、二〇〇五年頃からいわゆる「保守系」の政治家や評論家が、ことあるごとに、日米同盟は共通の価値で結ばれている、というようになりました。

彼らが、「日米が価値観を共有している」という意味は、せいぜいのところ日本も自由・民主主義や人権、法の支配などを尊重する、というぐらいの意味であり、確かに、この意味での日米共通の価値観を打ち出すことで、中国や北朝鮮を牽制することも必要でしょう。

しかし、前にも述べたように、アメリカの価値観はそれ以上のものなのです。アメリカの価値はただ自由や民主主義を尊重する、というだけではなく、それを人類の普遍的理念だと見なし、それを世界的に実現してゆくという点にポイントがあるのです。「普遍的（ユニバーサル）」という言葉が示すように、「ひとつのほうへと方向付ける」のです。

そこにアメリカの使命が出てくる。そのためには強力な軍事力を持たねばならない、という。理想だけ唱えていればよい、あるいは、他国の公正に信頼して、という日本の態度とはまったく違っている。

しかも、アメリカという国の特異性は、この普遍的な理念の実現が、また同時に、アメリカの国益にもなる、という点にあるのです。

ここにアメリカの二面性があって、一方では、普遍的理念を掲げ、他方ではアメリカの国益を追求している。そして多くの場合、この両者が合致している。

だから、いかにも、理想主義的でヒューマニズム的なことをいいながら、その背後にアメリカの国益がしっかりと隠されている。国益を正面からは押し出さないで、いかにも「正しい」ことをいう。表から見れば、いかにも合理的で正当で普遍的なのですが、裏を見れば、しっかりとアメリカの国益と戦略がある。

こうして敵対者を追い詰め、あるいは、同盟国を説得する。この二面性は、アメリカという国家の特異な性格という以外にありません。

そして、よかれ悪しかれ、日本には、このような二面性はまったくありません。自由・

民主主義・人権・法の支配などという価値の絶対的な普遍性という考えもない。それを軍事力で世界化しようという使命感もありません。この使命感はあくまで、ユダヤ・キリスト教という歴史的背景を持った国のものでしょう。

だから、日米の価値観は決して共通のものではない。この共通という幻想は、やはり占領期に与えられたアメリカ型の戦争観・歴史観からきているというほかない。あの戦争を自由や民主主義に対する破壊的侵略だとしたアメリカの戦争観から始まっているのです。

それにもかかわらず、日米共通の価値観による同盟、という考えを鵜呑みにすると、またまた、あの「戦後レジーム」の構造に飲み込まれてしまうことになります。

「価値観外交」の陥穽

まさにその危うさを感じさせるのが、かつての小泉政権、そして現在の安倍政権が進めている「価値観」の共有に基づく日米同盟の強化だと私には思えるのです。

二〇〇三年にアメリカがイラク攻撃を敢行したとき、当時の小泉首相はいちはやくこれを支持し、ブッシュ大統領への協力を表明しました。その理由は日米同盟があるというものので、この同盟の維持と強化が日本の国益にもなるというものでした。

その後、いうまでもなくアメリカのイラク攻撃は失敗に終わり、国連で攻撃の必要性を説いた国務長官のパウエルは、後に、この決定を自分の人生における最大の愚行であったと恥じることになります。ブッシュ自身も後に、この作戦が失敗であったことを事実上認めています。

にもかかわらず、日本政府も小泉首相も、その後、イラク戦争についてはまったく一言もありませんでした。反省もなければ弁明もなく、マスコミも野党も忘却を決め込み、批判も追及もなされていません。不思議なことです。しかし、英米に比すれば、日本には切実な当事者意識がなかったからだと考えれば、不思議でも何でもありません。

ただ改めていっておきたいのですが、ここには実に重要な問題があった。「国益」とは何か、「同盟」とは何かと改めて問い直すきっかけになるはずだったということです。

イラク攻撃、フセイン政権の打倒が直接に日本の国益になるとは考えにくいでしょう。イラクもテロ組織も日本をターゲットにしていたわけではなかったし、むしろ、イラク攻撃による中東情勢の混乱による石油供給の不安定化や、大量破壊兵器の拡散による中東の不安定化というマイナス要因のほうが大きかったのは明らかです。

したがって「国益」はあくまで日米同盟の維持ということになりますが、このことは実はかなり深刻な問題を含んでいます。

もともと、近代的な世界秩序における「同盟」とは、主として十九世紀ヨーロッパの勢力均衡という国際関係において成立したものです。それは、諸国の利害が錯綜する中で、諸国が勢力均衡を保つための外交上の策でした。

常に戦争への危機にさらされた国際関係は、確かにクラウゼヴィッツがいうように、「戦争は他の方法で行う外交」でしたが、また同時に、「外交は他の手段で行う戦争である」ということもできたのです。

だから、諸国間の対立と戦争を前提とした上で、諸国は、自他のパワー・バランスを保つため、もしくは自国に利をもたらすために同盟を結んだ。だから、同盟の相手もまたしばしば組みかえられたのでした。

これが、もともと「国益」を守るための同盟でした。しかし、日米同盟は、その成立の経緯からしても、またその現実的性格からしても、この種の勢力均衡下における同盟とはまったく異なっていることは先に述べました。

アメリカのイラク攻撃における日本のアメリカ支持は、日本が北朝鮮ミサイルの脅威にさらされているからだ、といわれます。また、尖閣をめぐる中国の脅威にさらされているからだ、ともいわれる。これらは事実です。

しかし、アメリカからすれば、北朝鮮にせよ中国にせよ、もしもそれらの国がアメリカに対して現実的な脅威となれば、日本からの要請があろうとなかろうと、いざとなれば交戦状態に入ることをいとわないし、その必要がなければあくまで現状維持や懐柔を続けるでしょう。尖閣問題をめぐって中国と交戦状態に入るなどと簡単に予測することはできないのです。現に中国に対するアメリカの態度は、特にオバマ政権下ではきわめて曖昧であって、状況次第という機会主義的なものに見えます。

つまり、「国益」の意味がアメリカと日本では大きく違うのです。

たとえば、「対テロ戦争」を行い、イスラエル問題（ユダヤ人問題）や石油利権を持つアメリカが中東、アラブ諸国へ深く関与することがアメリカの「国益」だからといって、日本がそこに「国益」を持つとはいえません。

軍事的な意味における日本の「国益」はあくまで、日本の領土や国民が直接に攻撃にさらされる場合に発生します。それは、世界秩序を守ることがアメリカの「国益」にかなうと見なすアメリカとはまったく異なっている。果たして、もしもアメリカがシリアの独裁政権を攻撃したとして、それはまた、直接に日本の「国益」なのでしょうか。

そこで持ち出されたのが、今も述べた「価値観」だったわけです。

つまり、二〇〇五年の「未来のための変革と再編」でうたわれた、日米同盟の基盤は「価値観の共有」にある、という日米同盟の再定義はそもそもの「同盟」概念の大きな変更であるだけではなく、ある意味では、たいへんに重要な決定でした。なぜなら、価値観の相違による世界の線引きを意味しているからです。

冷戦の崩壊はイデオロギー対立の崩壊を意味していました。その後、世界は、一方では、「歴史の終わり」論のように、自由、民主主義、市場経済の世界的展開と見る考えが出現し、他方では、「文明の衝突」型の世界観が出現しました。

もしも、価値観による新たな冷戦という見方が本当に成立するとすれば、それは「歴史の終わり」論と「文明の衝突」論の折衷といってよいでしょう。

一方では、自由、民主主義、市場競争原理などの普遍性が唱えられる。他方では、中国やイスラム諸国など、異なった価値観によって統治されている国がある。ここに価値観の対立が生じるというのです。

そして、それは結果として、ポスト冷戦は、西洋文明と中国文明・イスラム文明の間の対立になるというハンチントン説へと収斂することになります。

今日、安倍首相は、日米同盟は、両国の共通の価値によって支えられているとし、さらには、「価値観外交」と称して、アラブ諸国まで含めて二十数カ国を訪問するというきわめて精力的で積極的な外交を進めています。これほど世界中を飛び回っている首相はいません。確かにこの「地球儀俯瞰」的な外交のおかげで、日本の国際的なプレゼンスは高まった。

しかし、実は、小泉元首相にせよ、安倍首相にせよ、「価値観」を掲げつつも、イスラム諸国との対立の意志もなければ、中国の体制転換を要求するわけでもありません。「価値観の衝突」という新たな「文明の衝突」を予測しているわけでもなければ、それだけの事態を覚悟しているわけでもありません。

特に安倍首相の場合、「価値観外交」なるものの真意とは、せいぜい、アジアや中東諸国、さらにはアフリカまで含めて、経済上の利益を軸にして「日本の味方」を作っておこうという程度のものに見受けられるのです。

それはそれで、外交上は必要なことでもあり、重要なことでもあるでしょう。この混沌とした世界の中でこれだけでもたいへんな仕事です。しかし、この場合、価値観による同盟や価値観外交とは何なのでしょうか。やはり問題となるのはアメリカなのです。

ここでも改めて繰り返しておきたいのですが、アメリカは自らを例外的な国だという。「アメリカ例外論」です。アメリカの自由、民主主義、人権などの価値観は普遍的であり、その普遍的な価値観によって構成された国はアメリカしかない、と考えるからです。そこから、アメリカは世界の中心であり、アメリカ的価値観を世界化する使命を帯びている、という自己特権化も出てきた。

一方、日本にも「日本例外論」があります。しかしその意味はまったく逆で、日本は世界でも稀なほどの独特の文化と価値観を持った国だ、というのです。したがって、世界標準などというものを日本に押しつけられては困る、という。それが「日本例外論」というわけです。

にもかかわらず、「価値観外交」において、日米が共通の価値観で結ばれている、などというと、「日本例外論」がまるごと「アメリカ例外論」に飲み込まれてしまうでしょう。

もしも、アメリカが「アメリカ例外論」を真に自覚しておれば、その例外論の持つ矛盾にすぐさま気付いていたはずです。アメリカ的なものの「普遍性」を唱えること自体がアメリカの例外性なのです。だから、他国はそもそもこの普遍性を受け入れるはずはないでしょう。

ところが、われわれ日本人にはその認識がきわめて乏しいのです。「アメリカ的普遍主義」こそがアメリカの「特殊性」だという認識にならないのです。また一方で、日本文化や日本的価値は独自である、としながら、他方でアメリカ的価値は普遍である、という無自覚の矛盾を何とも感じていません。そして、次には、日本的価値の例外性を孤立と見なし、続いてこの独自性を日本が外に開かれない障害と見なすようにまでなるわけです。

いうまでもなく、「普遍性」を唱えること自体の例外性を自覚することなく、アメリカ的価値を普遍的なものと受け入れたのが、戦後日本の歴史的および思想的構造でした。

こうしてアメリカによる占領政策、戦争の解釈、アメリカ型の歴史観、それらが戦後日本人の精神的空洞を埋めていったのです。

もっとも本当に埋めたのかどうかについては大いに疑問であるにしても、です。

真意はともかく、自由、民主主義、人権、ヒューマニズム、技術革新と経済発展、こうしたことを無条件で幸福の内容だと見なした。そして、そうすることで、これを実現する基盤である、平和憲法と日米安保体制、そのもとでの経済成長路線、といったものへの懐疑を封印したのです。この上にできあがったのが繰り返して述べてきた「戦後レジーム」であった。

自由や民主主義の普遍性がアメリカの歴史観を前提としているのに対し、われわれはこの種の歴史観とはまったく無縁です。ユダヤ・キリスト教的背景もありません。そもそも戦後の日米関係は「同盟」などと呼べるものではないこともすでに見た通りです。

ましてや、「共通の価値観」によって強く結ばれた同盟などという自己欺瞞をいつまで続けるのでしょうか。安倍首相の「価値観外交」は、彼が脱却をはかる「戦後レジーム」の固定化につながりかねない危うさを持っているのです。

真の国益から遠ざかる日本

私が残念に思うのは、ここでもまたあの日米の「非対称的な二重構造」が作動してしまうということなのです。「価値観」で結ばれた日米同盟といったとき、日本側からすると、自由や民主主義を打ち立てて、主体的にアメリカに協力することで、日本の国益を実現する、と考えている。別にボランティアでアメリカに協力しているわけではない、という。

しかし、アメリカからすれば、テロや反米国家に対する戦いという世界戦略の中に、便利に日本を位置付けているだけのことになる。

平和憲法のもとでの日本の防衛から始まった日米安保条約を、価値観の共有による同盟関係に変貌させることで、アメリカは世界における軍事プレゼンスの一部を日本に委ね、その軽減をはかることができ、しかも憲法の縛りによって十分な軍事行動をとれない自衛隊を事実上、アメリカの戦略の一部として利用できるでしょう。

八五年のプラザ合意によって、日本は、アメリカの経済圏に見事に引きずり込まれて、政策協調によって独自の経済政策をとることができなくなったのに続けて、その二十年後の日米の緊密な同盟によって独自の軍事的防衛戦略をとることがますます難しくなった。

こうなると、日本の「国益」は文字通り、日米関係を緊密にする以外になくなってしまうのです。それ以外の選択肢はなくなってゆく。この「状況」を前提にしてしまえば、確かに現実的保守派がいうように、アメリカとの連携を最大限、緊密化するほかない。日米関係の強化こそが日本の国益だというように見えます。

いや、もっとあからさまにいえば、日本の命運をアメリカに委ねる以外になくなってゆくのです。もはや反米などという選択はあり得ない、ということになる。保守的現実主義が勝利したように見えます。

今ここでの「現実」を見ればその通りでしょう。

けれども、こうしてますます日本は対米従属国家になってゆく。サンフランシスコ講和条約で形の上で達成した独立は、いよいよもって「半独立」でしかない、ということになる。結果として「非対称的な二重構造」のゆえの「自発的な従属」が固定されてしまうでしょう。

近代主権国家の真の「国益」が、その国の価値に基づいて、自らの意志で重要な物事を決定することだとすれば、こうしてますます日本は真の「国益」から遠ざかることになる。真の「独立国家」から日本は遠ざかるのです。

ただこれは、別に今始まったことではない。繰り返し述べますが、占領政策から始まった「戦後レジーム」の構造なのです。「非対称的な二重構造」のゆえに生じているのです。事態は、一九四五年から一九五二年の間に生じたのです。「敗戦」から「終戦」の間に生じたのです。

ポツダム宣言によってあの戦争についてのアメリカ的理解が「公式化」し、日本は今日にいたるまで、未だに「ポツダム体制」の就縛から逃れることができないのです。

本当のことをいえば、サンフランシスコ講和条約においても、別にそのような価値観、戦争観を受け入れたわけではありません。

確かに東京裁判はポツダム宣言を根拠とし、共同謀議によって侵略戦争を引き起こした戦争犯罪人を裁いた。アメリカはそれを「文明の裁き」と解釈し、事実上、日本への懲罰とした。そして、サンフランシスコ講和条約で、日本は東京裁判を受け入れると記されている。

しかしこれも、正確には、日本は「極東軍事法廷の諸判決を受け入れる」となっているのです。判決を受け入れ、それを履行するといっているのです。決してアメリカの戦争解釈や歴史観まで受け入れたわけではありません。

にもかかわらず、占領下で日本はいわば「自己検閲」に入り、アメリカ的戦争解釈へと自発的に自己をくくりつけることとなった。あの「非対称的な二重構造」が、「無意識の自発的従属」をもたらしたのです。

日本人を縛る「構造」を知ること

少し冷静に考えてみれば、歴史観ひとつとっても、日本とアメリカでは大きく違っていることはいうまでもないでしょう。日本人の歴史観や戦争観は、アメリカのような「正義と悪との戦い」ではないし、「正義は勝利しなければならない」というようなものとは異なっている。

どちらかといえば、日本の歴史観は、丸山眞男が述べたように、「なりゆくいきおい」といった趣《おもむき》がある。歴史は生々流転であり、存在するものはすべて生成し、また消滅するという感覚が強いでしょう。

「勢い」によって歴史が生成し変転してゆく。歴史に一定の目的や達成すべき理想があるとは思わない。だから負けたほうにも理《ことわり》があるし、それなりの言い分はある。したがって敗者をも手厚く遇する、といったところがあるのでしょう。さもなければ敗者の怨念がいつまでも残るということでしょう。

だから、ここにあるのは、時の勢い、つまり「時勢」です。日本人の戦争観を根本で規定しているものは、この「時勢」ではないでしょうか。

だからこそ、一九四一年、日本は負けることを覚悟しながら、戦争に入っていったのでしょう。「時の勢い」が人々を動かす。一国といえども、「時勢」をいかんともしがたい。勝ち負けが問題ではない。勝算など計算はできない。勝とうと負けようと、戦争に入らざるを得ない。状況がそう仕向けている、というのが、当時の日本人の意識だったのではないでしょうか。

となれば、仮に負ける戦争であっても、敗北覚悟でやらなければならないときもある、という心情にもなるでしょう。おそらくこれが、当時の多くの日本人の気持ちだったのではないかと思います。それは、われわれの伝統的な歴史観や戦争観がアメリカの歴史観とはまったく異なっていたということなのです。価値観が違うのです。

ところが、占領政策の中で、日本の伝統的な価値観や思想は、それがもっぱら「日本的」という理由で完全に否定されてしまった。負けることがわかっている戦いなど、やるほうが頭がおかしい、ということになった。日本人に欠けていたものは近代的な合理的精神だということになった。歴史を作るものは、この合理的精神であり、理性だというのです。

別にアメリカ的価値が間違っているというわけではありません。しかし、それは、あくまでアメリカの歴史的な文脈、その歴史的経験の産物であることを知っておかなければなりません。

そうでなければ、われわれは、本当に、「われわれ」を立ち上げることはできません。日本が背負ってきた歴史の中で継承されてきたものを引き受けるところからしか、本当の「戦後」はあり得ないのです。

これは確かに、今日の「現実」を前提にすれば、たいへんに難しいことです。「現実」から出発して、そのもとで日本の「国益」を定義しようとすれば、アメリカとの緊密な関係ということしか出てこない。

しかし、そのことが両国の価値観の共有というところまでくると、ますます日本はアメリカに対する「自発的従属」に陥ってしまうのです。

こういう根本的な「ディレンマ」を戦後日本はかかえている、ということを知っておいてもらいたいのです。残念ながら、すぐにこの「ディレンマ」を解消することなどできません。名案などどこにもありません。

しかし、だからといって、保守的現実主義のように、日米関係の緊密化を説いておればよいというわけにもいきません。他方で、進歩主義的なリベラル派のように、自由や民主や人権の普遍性を唱え、国家意識やナショナルなものを否定するのが進歩だ、などというわけにも、もちろんいきません。

今、われわれにできることは、何よりもまず、われわれを就縛している「戦後レジーム」の構造を知ることなのです。そのことを知っておくことはきわめて大事なことなのです。「知ること」はそれ自体が「力」なのですから。

第9章

「近代日本」という悲劇

高校野球と日本の開国

子どもの頃、私はよく高校野球を見ていました。そして八月十五日の正午の時報が告げられると、熱戦が中断されて全員で黙禱したものです。一分間の黙禱は結構長いものでした。この切り取られたような一瞬の厳粛さは、子どもにも「八月十五日」が特別の日であることを知らせていました。

しかし、少々長めの一分間が終わると、すぐさまアルプス席の応援団がドンチャカ、ドンチャカ始めるのです。二分後にはもう元の状態に戻っている。三分後には黙禱をしたことなど忘れていました。

こうしたことが私にはかなり奇妙に思われたのです。別に欺瞞的だとか偽善的だなどというわけではありません。しかし、切り取られた一分間の静寂とその前後の時間の間にある落差は確かに奇妙でした。

しかし、前述したように、実は八月十五日から「戦後」が始まったわけではありません。ましてや、丸山眞男のいう「復初の説」のように、「八月十五日」こそは、日本の戦後の民主主義や平和国家への第一歩であったなどというわけにはいかないのです。

これは当たり前のことではあるものの、そのことを口にすること自体、稀でした。別に封印されていたというわけではない。何となく忘れ去られてしまったのです。

これまで見てきたように、そういうところにも、われわれの「戦後意識」の奇矯さがあります。結果的に見れば、占領政策によってなされた、憲法や民主主義や教育改革や経済改革や、そしてなかんずく侵略戦争史観など、もろもろの「アメリカ式改革」は、サンフランシスコ条約でむしろ固定化し、既成事実となってしまったからです。サンフランシスコ条約は、一方では確かに日本の名目上の「独立」を保証したものの、それは占領政策の実質的な確認でもありました。

いうまでもなく、あの戦争は近代日本にとっての国民的な悲劇でした。「日本にも言い分はある」などという何やらなさけない弁明にさして言い分はありません。「アジア解放という動機はよかった」といってもそのアジアから同意の声があがらないのでは、説得力もないでしょう。もちろん、日本ファシズムの侵略戦争だった、という戦後の公式見解にも同意できません。

この国民的悲劇性を、まずは、近代日本の悲劇として理解しておかねばならないのです。

林房雄の『大東亜戦争肯定論』（夏目書房）を全面的に肯定する必要はないとしても、

これをまた全面的に退けることもできない。ロシアの南下や英仏の接近から始まり、ペリーの黒船来航で決定的となった「東亜百年戦争」という歴史観を退けることはできない。問題は「東亜百年戦争」のはらむ矛盾であり、悲劇性なのです。

維新の精神から文明開化へ

西洋列強によるアジアの植民地化という世界史的趨勢の中で日本の開国と近代化が開始されたということの意味は、どれだけ強調してもしすぎることはありません。より正確には、西洋の東洋への進出という世界史的趨勢こそが、日本の開国と近代化をもたらしたのです。

したがって、独立を保つことが日本近代化の目的でした。列強の圧力の中で独立を保つことは、日本からすれば攘夷であったのです。明治維新とは、もともと独立を保つための国家権力の強化を目指したものであり、その意味では、攘夷と維新は不可分でした。開国と近代化は広くいえば、維新の精神を実現するための手段だったのです。

ところがここに決定的な矛盾が生じます。近代化は西洋化を抜きにしては達成できないとすれば、「攘夷のために西洋化する」という奇妙な事態が生じるのです。「西洋と対決するために西洋化する」ということです。言い換えれば、日本の独立を保つために「日本的なもの」を自ら放棄してゆくということです。これこそが近代日本の悲劇の根幹でした。

この矛盾はさらに次のような形をとります。

もともと攘夷＝維新の実現のために行われたはずの近代化が、ただ西洋模倣の一途をたどり、そのうち、西洋並みの文明一等国への仲間入りそれ自体が自己目的となってゆく。すなわち文明開化礼讃へと俗化されてゆく。

かくて、保田與重郎《やすだよじゅうろう》の述べるように、「維新の精神」は「文明開化の論理」へと変質してゆくのです。後者はもはや「精神」と呼べるほどのものでもなく、ただ西洋流儀の生活、制度、思想の無規制な流入であり、その上澄みで脚色された「近代」というものの時流にのった礼讃でした。

こうして近代化の背後でそれを支えていたはずの「維新の精神」は衰弱し、鹿鳴館から洋装の流行にいたるまでの「文明開化」が近代日本を特徴付けることとなります。

近代化と列強との対立

ところが「文明国」への参入を目指した富国強兵、殖産興業がそれなりに実績をあげ、議会も憲法も整備してゆくと、確かに、日本は西洋列強と並ぶまでに国力を高めてくるのです。

かくて、日本近代の矛盾は決定的な段階へといたります。それは、日本が西洋列強の一員となれば、その結果として日本は西洋諸国とするどく対立するということです。

西洋列強は植民地をめぐって、また、市場と資源をめぐって、あるいは国内世論の後押しを受けて相互に対立し確執を繰り返していました。確かに、西洋の近代は、一方で自由や民主主義の理念を拡散し、産業技術による経済を発展させましたが、同時にそれはナショナリズムと帝国主義をも生み出していたのです。日本は、その近代化の頂点で、列強との対立へとなだれ込んでゆくのでした。

これは日本近代化のほとんど宿命的な帰結でした。西洋列強からの圧力の中で自立をはかった日本の近代化は、それがまさしく成功したがゆえに列強との対決をもたらすという宿命的な矛盾です。ここに近代日本の悲劇があるのです。

ふたつの価値に引き裂かれる日本人

しかも、日本の近代化は、日本人の価値をふたつに分裂させていきました。一方で、西洋から導入された近代社会の理念があり、他方では、それによって抑圧され、忘却され、しかし、人々の生活や思考習慣の中に根を張る「日本的なもの」がある。後者は、しばしば前近代的と見なされながらも社会の基層に横たわっているのです。

だから、ここでもまた矛盾が表出されてくる。近代化の成功の頂点で西洋列強と戦うという、あの「攘夷」の復活は、一方で西洋的に合理化され官僚化された制度を持ち、高度な技術を装備した軍事力を持ち、さらに西洋的な大衆民主主義とマスコミを背景にした政治制度を持つとともに、他方では、非合理な神聖性や権威や精神的なものや祖霊への敬愛といった「日本的なもの」への傾斜を生み出した。

したがって、列強との対立は、ただ帝国主義状況の中での力の対決というだけではなく、「西洋的合理主義」と「日本的精神」の間の思想戦という意味をも帯びていたのです。大東亜戦争を「思想戦」として捉えようとしたのは、いうまでもなく知識人たちであり、とりわけ京都学派の学者や『文學界』につどった文学者たちでした。

ここで知識人はどうしてもある種の二重性を帯びることになります。小林秀雄が典型ですが、一方で、戦争となればただの一兵卒として戦うだけだといいながら、他方では、日本の立場を思想的にどう位置付けるか、という知識人の役割が要請されてくるのです。

京都学派が唱えた「日本的精神」の核心

しかし、その場合、ここでもまた近代日本の矛盾が露呈してくるのです。それは京都学派において顕著でした。なぜなら、西田哲学のもとに参集した京都学派の学者にとって、「日本的精神」の核心は、西田幾多郎のいう「無の思想」だったからです。そしてここにどうにもならない京都学派の敗北が予定されていたのです。

「無の思想」においては、日本精神の最大の意義は、「主体」を立ち上げない点にある。脱主体化です。「主体化」は「有の思想」としての西洋思想の基軸であり、だからこそ、西洋自由主義の中で「主体」の抗争が帝国主義へゆきついたのでした。したがって、すべてを包括し、多様なものを多様なままに一とする脱主体化された日本思想こそが帝国主義を克服できる、と彼らはいったのです。

ところが、そのために、日本は強力な「主体」として世界史的役割を果たさなければならなかった。脱主体化という「日本精神」をもって、日本は「主体」として世界史に参入しなければならない。これはどうにもならない矛盾であり、この思想戦における京都学派の敗北は予定されていたとさえいってもよいでしょう。

ですが、いったいほかに何があったというのでしょうか。仔細に検討すれば、多くの留保が必要とされるだろうし、歴史家はあれこれの事実を持ち出すでしょう。

にもかかわらず、私には、大東亜戦争へいたる道程とその敗北は、ほとんど予定されていたかのように見えてしまうのです。それは、大東亜戦争は、近代日本の宿命的矛盾がほとんど必然的にもたらしたものであり、ここに運命などという言葉は使いたくはないものの、ほとんど歴史の「運命のごときもの」とさえ見えるのです。

歴史認識の根底に横たわるポツダム宣言

さて、これまで述べてきたように、アメリカの歴史観からすれば、あの戦争は、日独伊のファシズムによる平和的で民主的な国家への侵略でした。ファシズムは勝利するはずはない。自由や民主主義を守る戦いにアメリカは勝利し、日本の錯誤に対しては道徳的な裁きと民主的な教化が必要である、ということです。

これが、西洋の啓蒙主義やヘーゲルに端を発し、いわゆる「ネオコン」へとたどり着く歴史観なのです。世界史は人間の理性の発動によって、自由、平等、民主的政治、市場競争などの普遍的価値の実現に向けて動いているとする歴史観にほかならない。

確かに「世界」に対するアメリカの関与には必ずしも一貫性はなく、状況次第の選択性と機会主義がたぶんに見られるものの、大きくいえば、もしくは思想的に見れば、この西洋近代の啓蒙主義に基づく進歩的理念が底に流れていることは否定できません。

しかも、この「進歩」主義をもっともラディカルに実践しようというのが「新保守派」なのです。言葉というものは、しばしばこのようにいわば表裏がひっくり返って使用されるものです。

したがって、アメリカの「新保守派」が信奉する「進歩史観」によると、あの対日戦争も、ベトナム戦争も、対テロ戦争も、対イラク戦争も、中東への関与も、基本的には同じ歴史観によって正当化されるのです。日本の占領政策も東京裁判も平和憲法の制定も、それを背後で支えているものはこの歴史観なのです。

そうすると「世界征服」を意図した戦争犯罪人を合祀《ごうし》した靖国神社をアメリカが認めるわけはなく、この点では米、中、韓はむしろ共同戦線に立つことになります。アメリカが日米同盟なるものの維持を唱えるのも、むろん相互的利益を前提としてのことではありますが、それ以前に、アメリカの歴史観と「近代」の普遍的理念を日本が受け入れている、という確信を持ち得る限りにおいてでしょう。

言い換えれば、アメリカが日本とともに中国に対して強硬な態度をとり得るのは、日本があの歴史観を受け入れている限りにおいてであり、尖閣問題がここにからんでいることはいうまでもありません。

ところが、その中国は、日本があの「世界征服」を意図した軍国主義的侵略を反省しているのであれば、尖閣を中国領土として認め、南京大虐殺を反省し、戦時中の強制労働についての企業への賠償を行い、ついでに韓国の慰安婦に補償せよ、などといいます。

もちろんこれは言いがかりです。中国の本心は中国国内の不満解消にあり、また資源や経済をめぐる日中対立における政治的駆け引きにあるということも事実でしょう。しかし、歴史問題を持ち出されると、われわれは何ともいえない居心地の悪さを感じてしまうのです。

その理由は、いうまでもなく、この歴史認識の発端はといえば、あのポツダム宣言にあり、その背後に横たわるアメリカの歴史観をわれわれが（一応）受け入れたからです。サンフランシスコ講和条約がその禊《みそぎ》だった。

もちろん、中国はアメリカの歴史観などとはまったく無縁であり、サンフランシスコ講和会議にも参加していません。ポツダム宣言にしても、中国代表は蔣介石でした。にもかかわらず、日本はポツダム宣言受諾とともに、戦勝国の歴史観を受け入れたのです。

いや、本当に受け入れたのでしょうか。

価値観の対立がグローバルな悪循環を呼ぶ

これまで述べたように、いわゆる「戦後レジーム」とは、平和憲法プラス日米安保体制という国の安全にかかわる基本構造だけではなく、実は、思想と価値にかかわることがらなのです。「レジーム」とは、ただ国の統治にかかわる体制というだけではなく、もっとも広い意味では、ある国に生きる人々の持つ価値観や思考様式、宗教的信条、生活習慣まで含めた「国のかたち」をさします。

その意味で、われわれは、平和主義やアメリカ的歴史観、近代的普遍的理念といった価値の枠組みに基礎付けられた「戦後レジーム」を受け入れているのでしょうか。

もしも、「戦後」とは、ただアメリカに防衛を委ねた半人前国家だというだけではなく、われわれの思考様式や価値観まで含めて考えるなら、戦後レジームの再検討とは、平和憲法の改正や変則的な安保体制の見直しというだけのことではありません。

そうではなく、明治から始まる日本の近代史の見直しであり、アメリカ的な近代主義の再検討を含むものでなければなりません。

その核心になるのは、歴史を普遍的な自由・平等などの理念の実現へいたる理性の展開と見るアメリカの歴史観の再検討でしょう。

今日のグローバリズムにせよ、過度なまでの市場競争にせよ、非西洋世界の民主化にせよ、あるいは、脱宗教化が引き起こす混乱にせよ、もとをただせば、近代を普遍的世界と見なすアメリカの歴史観に端を発しています。

この歴史観の正当性がアメリカの強力な軍事力を支え、その軍事力がまた、国際関係に力の政治を持ち込むことになる。それが中国の覇権主義を呼び込み、北朝鮮等の「ならず者国家」を挑発し、イスラム諸国との軋轢をもたらし、中東の混乱をもたらしているのです。

と同時に、ひとたび、中国の覇権主義や北朝鮮の核やイスラムのテロリズムが出現すると、逆にそれがアメリカの歴史観に対する脅威となる。アメリカはただ自国の防衛というだけではなく、世界の防衛という名目で、これらの敵対勢力と対決することとなる。

なぜなら、普遍的歴史の果てにこそ安定した世界秩序が成立するとする限り、自由や民主主義という価値観に対する挑戦こそが、世界を不安定化する最大の危険要因だからです。

かくして、グローバルな悪循環が始まります。各国ともに、基本的な次元で自国が脅威にさらされている、と感じることになるでしょう。アメリカはその普遍的理念が挑戦されていると感じ、中国は「中国」という国家そのものが挑発されていると感じ、イスラムはイスラムの宗教原理が侵食されていると感じている。こうした悪循環の回路にわれわれは入り込んでいるのです。

もちろん、それぞれの国家的な相互利益を楯にして、それをかろうじて調整し妥協することは可能でしょうが、本質をいえば、この悪循環をそもそも生み出した初発にあるものは、諸国家の利益の対立という古典的国際問題ではなく、西洋啓蒙主義が生み出した歴史観によって作り出された「近代」をめぐる価値の対立と見ておくべきなのです。

果たして、日本もすでにこの悪循環に巻き込まれているのでしょうか。すでに、日中韓米、といった国家間関係において、日本もこの螺旋的なループの中に取り込まれています。二〇一四年の安倍・オバマ会談における、TPPとアメリカによる尖閣防衛の取引などは、日本がこのループに入り込んでいることの結果といってよいでしょう。

しかし「近代」というものに関する歴史観や価値意識において日米はかなり異なっていることも事実であって、それを無視するわけにはいかないのです。

だから、TPPについてかなりの妥協をしてまで、アメリカによる尖閣防衛を確保するという事態に対しても、われわれは違和感を持たざるを得ません。このような取引そのものが「戦後レジーム」の枠内で行われ、しかもその枠組みを強化することになるからです。

もちろん、現実的な選択肢としていえば、ポツダム宣言の背後にある歴史観を俎上《そじょう》に上げ、アメリカの政治的信条というべき「近代主義」の普遍的歴史観に対して、われわれの歴史観を打ち出すなどということが容易にできるとは思えません。しかしそれでも、「戦後レジーム」の枠の外に一歩出るためには、この程度の「認識」は不可欠なのです。

敗戦の後の残すべき希望

さて、最後にこういうことを述べておきたいと思います。

二〇一四年頃から、たとえば百田尚樹の『永遠の０《ゼロ》』（講談社文庫）が若者を中心に読まれ、何やら学校からはみ出した学生（生徒）たちの間でも「特攻」だけは特別なもののようで、この言葉を聴くと一瞬ではあるものの、背筋が伸びたりもするようです。

こうしたことをどう評価するかは別としましょう。大東亜戦争にも様々な局面があり、それについての歴史解釈の争奪はまだ続いており、硫黄島や沖縄での悲惨を極める戦いの記憶は未だに消えていません。

しかし、「大東亜戦争」を構成している様々な要素をできるだけ脇に押しやって、それでも最後まで残るものはといえば、特攻というあまりに鮮烈な攻撃の形であったように思われます。特攻というあの形象は、いかなる歴史観の対立や戦争解釈などをも寄せつけない何かをもたらしたのではなかったでしょうか。

坂口安吾は戦争には反対でした。許しがたいものだと思っていた。しかしそれでも特攻だけは疑念をさしはさめぬ格別のものと思われたのです。

「私は戦争を最も呪う。だが、特攻隊を永遠に讃美する」という坂口の心情に偽りはありません。それは、戦争に負けてみれば、戦争中に生じたことをすべて悪として断罪し、戦争にまつわるものをすべて犯罪扱いにする戦後の卑俗で欺瞞的な風潮への抵抗の意味もあったでしょう。

しかし、「死にたくない本能と格闘しつつ、至情に散った尊厳を敬い愛す心を忘れてはならない」と述べる坂口の特攻への共感には欺瞞的なものはありません。絶望的な敗戦の後に残す希望があるとすれば、このとてつもない形象を刻んだ若者たちの自己犠牲の精神だというのです。

さらに安吾はこうも述べています。「私はだいたい、戦法としても特攻隊というものが好きであった。人は特攻隊を残酷だというが、残酷なのは戦争自体で、戦争となった以上はあらゆる智能方策を傾けて戦う以外に仕方がない」（坂口安吾「特攻隊に捧ぐ」）

同様のことはモーリス・パンゲも『自死の日本史』（講談社）の中で述べています。特攻とは狂気に駆られた無意味な戦略であった、というわけではない。それどころか、それは、勝利への意思を大前提とし、さらに敵と味方の力の落差を小前提として、そこから導き出されるひとつの当然の帰結である、と。

私もこのパンゲの見解に異論はありません。ただひとつだけ留保しておきたいのは、より正確にいえば、「勝利への意思」はあったものの、その「展望」はもはやなかった、という点だけです。勝利への意思などというものが夢幻にすぎないことは明らかでした。だからむしろあったのは「敗北への意思」というべきでしょう。さらに正確を期せば、「敗れてなお勝つ」という意思であったのでしょう。

もちろんこのように述べれば、それこそ、「だから特攻など論理的で当然の結論どころではない。それは戦争への狂信のなせる暴挙であり、一種の殺人である」といういかにも戦後的な言説への道をひらくことにもなるでしょう。

確かに、負けると知りつつ片道燃料だけを積み込んで敵艦に体当たりなどという形は、それだけ見れば狂気以外の何ものでもないでしょう。

しかし、それこそがこの戦争だったのです。片道燃料だけを積み込んで敵艦隊に突撃して散る、という形象は、大東亜戦争を特徴付ける精神そのものでした。だからわれわれは、特攻に対してある種の思いとざわめきを禁じ得ないのです。特攻はある状況の中で例外的に生じた戦争の一部なのではなく、それこそがこの戦争そのものを象徴するのです。

日本の伝統としての自己犠牲の精神

しかもそれだけに留まりません。実はわれわれが特攻を忘れるわけにはいかないのにはもうひとつ理由があります。それが戦いというものがもたらす精神の悲劇的様相のもっとも日本的な伝統を示すものでもあったからです。

それをパンゲは「それ（特攻）は日本が誇る自己犠牲の長い伝統の、白熱した、しかしきわめて論理的な結論ではなかったろうか」と述べています。確かに、特攻は、戦いに際した自己犠牲の、日本の長い伝統的な精神の最後の発火というべきものでした。それは「氷と火のアマルガム」だった。

それが戦術として合理性を持つかどうかは別として、この自己犠牲の精神が異様なものとは思われません。特攻ほど顕著な形はとらないものの、少なくとも同様の精神を、われわれは、歴史のうちにいくらでも掘り起こすことができるし、また、歴史的なものの記憶として自らの精神のうちに見出すことができます。

だからこそ、特攻は、それが狂気の野蛮として批判されるにせよ、逆に驚くべき高みへ向かう克己心と崇敬されるにせよ、いかにも「日本人」のなした行為として世界中から記憶されているのです。

それを「滅びの美学」などというとあまりにローマン的で情緒的で、現実から離脱してしまうでしょう。「散華《さんげ》」といってもさして変わらないでしょう。いずれ何といおうと、ここには、敗北を前提とし、自らを捨石とし、しかし、そのことによって何かを残す。この恬淡《てんたん》たる覚悟を美的なものとして了解するという独特の美学があったのです。

現実がそのような美学からほど遠いことなど、取り立てて指摘するほどのことではありません。それは、特攻隊員のおびただしい遺書や手紙を見ても明らかだし、それらを見るまでもなく十分に想像のつくことです。

戦艦大和の乗員だった吉田満は次のような悩みを語った学徒出陣士官のことを書いています。「国のために死ぬ。そのことはよい。しかし、自分の死や日本の敗北、それをもっと一般的で普遍的な価値とどのようにつなげればよいのだろうか」と彼は問うのです。そのとき、ある兵学校出身者はこれに対して次のようにいう。「日本は負けて目覚める。俺たちはその先導になる。それで本望じゃないか」と。

もちろんそうはいっても戦闘は恐怖を呼び覚まし、死は絶望を手繰り寄せたでしょう。あるいは、安吾が述べているように、彼らのあるものたちは、酒のみで、ゴロツキで、博打好きで、女たらしであったかもしれません。しかし、そんなことをあばいても何の意味があるのか、と安吾はいいます。「我々愚かな人間も、時にはかかる至高の姿に達し得るということ、それを必死に愛し、まもろうではないか」というのです。

諦念と覚悟という道徳

松島海軍航空隊から飛び立って戦死した宅嶋徳光というある兵士は、日記の中で次のように書いていました。「俺は俺たちの運命を知っている。俺たちの運命はひとつの悲劇であった。しかし俺たちは悲劇に対してそれほど悲観もしていないし、寂しがってもいない。俺たちの寂しさは祖国に向けられた寂しさだ。たとえどのように見苦しくあがいても、俺たちは宿命を離れることはできない」(宅嶋徳光『くちなしの花』光人社)と。

勝ち負けは力の問題であり、時の運であり、状況の問題である。敗北はわかっていても戦わなければならぬときはあり、戦うべきときに戦うこと、それ自体に義がある。その義を捨てることは卑怯者のすることであり、卑怯者として生きることは義について死ぬより恥ずべきことだ、という観念が日本には伝統的にあります。

いや、それは日本に限ったことではないでしょう。ただ、その精神を「諦念と覚悟」として、いわば日常的な道徳とし、そのような生き方を一種の美的な生と捉えたのは、日本独自の精神的伝統というべきでしょう。この「諦念と覚悟」を、宅嶋徳光は「運命」というのです。

七十年前に散っていった若者たちのこのような言葉を聴くと、われわれの戦後とはいったい何だったのか、という思いが強くなります。吉田満は、戦後について書いた文章の中で次のような問いを発しています。

もしも戦没学生の霊が戦後の繁栄の日本に戻ってきたら、彼らはどういうだろう。まずは、ありあまる自由と平和を見て彼らはよかった、と思うだろう。しかし、この自由と平和と繁栄が、単なる自己利益、自己中心的な快適のためのものであることを知れば、彼らは、ひとかけらも人間らしさを与えられなかった戦前よりも、今日の繁栄をもっと不毛だと思うだろう、というのです。彼らが切望した「日本の清らかさ、崇高さ、尊さ、美しさはどうなったのか」というだろう、と。

戦後の日本は、確かに平和そのものといってよいでしょう。しかし、それはアメリカ従属構造のもとでの平和でした。誰もがこの平和を手放したくはないでしょう。しかし、今日の国際情勢はそれを許さないところまできている。

憲法の前文には「平和を愛する諸国民の公正と信義に信頼して、われらの安全と生存を保持しようと決意した」と書かれている。すなわち、世界の諸国民は平和愛好的であるという前提で、日本は武力放棄するといっているのです。

しかしもちろん、今日、この前提は成り立っていません。とすれば、もはや平和憲法の有効性は大きな疑義にさらされているのです。

こうしたことは今さらあれこれ論じるまでもないことです。

にもかかわらず、一方で、集団的自衛権さえ認められぬといい、他方では、集団的自衛権さえ認めればよい、という人たちがたくさんいるのです。このどちらもが、程度の差はあれ、「アメリカに助けてもらえばよいではないか」というのです。

私はもちろん戦争待望論者でもなければ、特攻賛美者でもない。そうではなく、志願して国のために自らの命を投げ出した七十年前の若者たちの苦渋や葛藤に満ちた「諦念と覚悟」を、少なくとも精神の上で引き継がぬ戦後は、すでに繁栄の只中で「堕落」し続けているのではないかと思うのです。

あとがき

少し前に、「戦争が終わって半世紀が過ぎ……」などといっていたと思ったら、二〇一五年には「戦後七十年」ということになった。「戦後」と一口にいっても、むろん、そこには様々なものがつまっている。それをいちいち掘り出していてはきりがなかろう。しかし、ひとつ確かなことは、「戦後半世紀」とか「戦後七十年」とか、いずれにせよ、われわれは、未だに、「あの戦争が終わってから」という言い方をするのである。「戦後」という言い方は、まだ死語にはなっていないのだ。

私は、一九四九年生まれだから、日本がまだ占領下にあった時代に生を受けた。もちろん、占領の記憶はないが、幼い頃のことを思い出せば、確かに米軍の匂いがする。そして、夕方、共同浴場などへ行ったときに、その脇にぼんやりと座っていた傷痍《しょうい》軍人の姿が、未だに脳裏に浮かんでくる。私にとっては、平成の二十年代になろうと三十年代になろうと、それは「戦後」であり、そして「戦後」は、間違いなく、「あの戦争」の産物なのである。

こういう感覚は、おそらくはある世代までのものなのかもしれない。大学で教えていたとき、平成生まれの人たちが受講するようになり、「あの戦争」などといっても、まったく何の実感も持てない、といった雰囲気につつまれているのを見ると、これはいささかまずいのではないか、と思ったものである。世代の問題ではなく、われわれの置かれている「今」を理解するためにも、少なくとも「あの戦争」、そして「あの戦争の残したもの」から始めなければどうにもならないだろうと思うのだ。それは、現代の日本国内だけのことではない。近年の中国や韓国との歴史解釈をめぐる対立や、日米関係を知るためにも、やはり、「戦後」の初発へ戻らなければならないのである。

ところが、その「戦後の初発」が結構、難しい。まず、「戦後」はどこから、どういう具合に始まったのか。それさえも実は自明のことではない。ところが、さらにやっかいなことに、それが「自明でない」ことさえも忘れ去られているのだ。

本書を書いた動機は、この「戦後の始まり」にいったい何があったのか。どのようにして「戦後」が生み出されたのか。そのことを、私なりの解釈によって論じてみたい、という点にある。このことは、必然的に、「日本」の戦後を「アメリカ」との関係において描く、ということにもなる。「日米の非対称的な二重構造」という補助線を引くことで「戦後」を理解する、というのが、本書における私の立場である。

もともと、雑誌『表現者』や『産経新聞』に発表したいくつかの評論を編集して戦後論にしようというのが、本書の発端であった。ただそのさいに、序論的な意味で、二〇一五年の一月に大学で行った「戦後七十年」についての講義を収録しようということになった。テープおこしで四〇ページほどである。ところが、この部分を手直ししているうちに、どんどんと分量が膨らんでゆき、いつのまにか二〇〇ページを超えてしまった。ほとんど書き下ろしである。

結局、この二〇〇ページほどに膨張した「拡大序論」に、いくつかの既発表評論を編集して付加してできあがったのが、本書である。最後の第九章は、雑誌『表現者』に発表した論評を編集している。

私自身、別に日本現代史の専門家でもなければ、「あの戦争」や戦後日本の研究者でもない。ただの「素人」である。しかし、「戦後」を六十数年も生きておれば、「素人」なりに「戦後」について考えることも結構ある。一度は、それをまとめてみたいと思っていたのである。だから、本書は、同様の関心を持つ「素人」すなわち「一般読者」へ向けて

「語られた（書かれた）」ものである。特に、若い人に、多少の刺激をもって届けることができれば幸いだ。最後に、きわめて短時間に、行き届いた配慮をもって本書を編集していただいた、若き編集者、大岩央さんに心より感謝したい。

平成二十七年四月十日

佐伯啓思

2015年7月4日 終了 良くぞ書いてくれた

PHP新書

PHP INTERFACE
http://www.php.co.jp/

佐伯啓思［さえき・けいし］

1949年奈良県生まれ。東京大学経済学部卒業、同大学大学院経済学研究科博士課程単位取得。滋賀大学経済学部教授、京都大学大学院人間・環境学研究科教授などを経て、現在京都大学名誉教授、京都大学こころの未来研究センター特任教授。第4期文部科学省中央教育審議会委員。専攻は社会経済学、社会思想史。
おもな著書に『隠された思考』（筑摩書房、サントリー学芸賞）、『「アメリカニズム」の終焉』（TBSブリタニカ、東畑記念賞）、『現代日本のリベラリズム』（講談社、読売論壇賞）、『「正義」の偽装』『西田幾多郎—無私の思想と日本人—』（以上、新潮新書）、『西欧近代を問い直す』『20世紀とは何だったのか』（以上、PHP文庫）など多数。

従属国家論

日米戦後史の欺瞞《ぎまん》

（PHP新書988）

二〇一五年六月一日　第一版第一刷

著者——佐伯啓思
発行者——小林成彦
発行所——株式会社PHP研究所
東京本部——〒102-8331 千代田区一番町21
新書出版部 ☎03-3239-6298（編集）
普及一部 ☎03-3239-6233（販売）
京都本部——〒601-8411 京都市南区西九条北ノ内町11
組版——朝日メディアインターナショナル株式会社
装幀者——芦澤泰偉＋児崎雅淑
印刷所
製本所——図書印刷株式会社

ISBN978-4-569-82539-7

ＰＨＰ新書刊行にあたって

「繁栄を通じて平和と幸福を」(PEACE and HAPPINESS through PROSPERITY)の願いのもと、ＰＨＰ研究所が創設されて今年で五十周年を迎えます。その歩みは、日本人が先の戦争を乗り越え、並々ならぬ努力を続けて、今日の繁栄を築き上げてきた軌跡に重なります。

しかし、平和で豊かな生活を手にした現在、多くの日本人は、自分が何のために生きているのか、どのように生きていきたいのかを、見失いつつあるように思われます。そして、その間にも、日本国内や世界のみならず地球規模での大きな変化が日々生起し、解決すべき問題となって私たちのもとに押し寄せてきます。

このような時代に人生の確かな価値を見出し、生きる喜びに満ちあふれた社会を実現するために、いま何が求められているのでしょうか。それは、先達が培ってきた知恵を紡ぎ直すこと、その上で自分たち一人一人がおかれた現実と進むべき未来について丹念に考えていくこと以外にはありません。

その営みは、単なる知識に終わらない深い思索へ、そしてよく生きるための哲学への旅でもあります。弊所が創設五十周年を迎えましたのを機に、ＰＨＰ新書を創刊し、この新たな旅を読者と共に歩んでいきたいと思っています。多くの読者の共感と支援を心よりお願いいたします。

一九九六年十月

ＰＨＰ研究所